光文社知恵の森文庫

藤臣柊子

だいじょーぶ、のんびりいこう

心の薬の処方箋

『心がホッとする57の方法』改題

はじめに

人間というのは、人と人の間で生きるから人間なのである、と高校生の時の先生は言ったけど、ホントにそうだなあ……と大人になったらしみじみ思うのであった。人間にはいろんな時がある。大勢の時もあれば、一人の時もある。

まあ、いろいろあるワケです。

良い時もあれば悪い時もある。だけど、人は良い時ばかりを良いと思って、悪い時を良いとは思えない。まあ、当たり前なのだが。

ホントは悪い時の経験が後になって、案外役に立ったりするんだけどね。

とりあえず、悪い時はツライもんだ。病気になったり、貧乏になったり、精神的にキツイとか、負担が多い時ってキツイ。

そんな時には、いつもの自分とちょっと違うことをしてみたら違った自分になれたりするんではなかろーか。

そんな時のために、この本を書いてみました。そらー、ツライ時はツライから。ツライとこから抜け出すために。

何かのきっかけをこの本で見つけてもらえたらすごくうれしいです。

目次

Chapter 2 ちょっぴり何かできそうな気分の時に

Chapter 3　ちょっとだけ自分を変えたい気分の時に

Chapter 4 どうにも心寂しい気分の時に

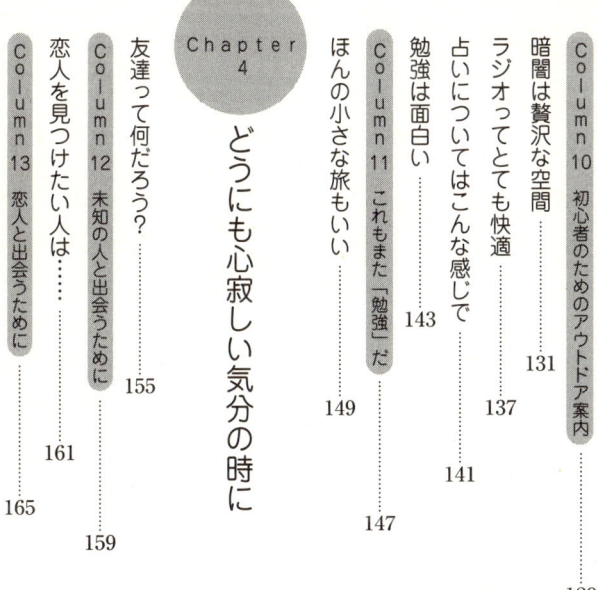

Chapter 5 心や体がハードでツライ気分の時に

本文デザイン／徳永純子（井上則人デザイン事務所）

Chapter 1

なんとなくやりきれない気分の時に

どうもパッとしない時。何をやっても元気が出ない時、あるよね。元気があれば、そこから復活できるけど、あんまり元気がない時はなかなか復帰できない。

そんな時。

ゆったりと自分をそのままに。

落ち込んでてもいいじゃない。

そんな自分を認めてあげよう。

元気でなくちゃダメだなんて、誰も言ってない。落ち込んでるのに無理して元気なふりしても、ただくたびれてしまうだけ。

何もしないでそのままで。

ただ、そこにいて自分をなぐさめてあげるのもいいと思うよ。

自分が
好きなように
やってヨシ

なんとなく、やりきれない時がある。何があったワケでもないのだが、なんでもなく落ち込んでしまう。

何が不安というワケでもない。人とモメたワケでもない。

仕事も順調だ。

だけど、なんだかやりきれない。

そういう時はもう、どんな約束事があっても、申し訳ない、と言って断ってもいい。出かける気がしないのだから。

なんだかやりきれない時。そんな時はきっと自分の中のどこかがくたびれているのだろう。だから、自分の好きなようにさせてあげようと思う。

何もしたくないなら、何もしなくていいんだよ、と。

何か音楽が聴きたいなら、聴けばいい。

休みたいなら休めばいい。飲みたいなら飲めばいい。

食べたいなら食べればいいし、食べたくないなら、食べなくていい。誰かに会いたければ連絡をして、会いに行けばいい。会いたくなければ会わなくていい。

たまには自分の思いに素直に従う、そんな時があってもいいと思う。

誰も責めないよ。ただ自分の好きなように時を過ごせばいいのだ。

誰かが何か言ってくれるのを待ってしまう、そういうのって割と当たり前。よほどデキる人でなければ、人より前へ行くことはしないだろう。普段がんばって一生懸命やって、一生懸命前に出てたとしても、ずっとずっとそうしてたら、当然ながら、くたびれます。くたびれてても栄養ドリンク飲んで、がんばってがんばって、本当にくたくたになるまでがんばっちゃうのもかっこいいけどね。


ソレがいいのだ！という人はソレでいいのだ。

たまには会社を休んじゃって、ただゴロゴロしてるだけ、というのも当たり。

どこにも出かけてないから、長期の休みを取って海外へ、というのも当たりです。

ハズレなんて、間違いなんて、そんなのはナイのだ。

誰かがこうしてるから、とか、気にすることもナイのだ。


毎日どうしても会社にいないと落ち着かない人は、会社に行って、デスクに座って(営業の人なら外出ばかりだろうけれど) それで落ち着くのも可。

毎日同じようにスケジュール通りにやらないとヤダ、というのならソレもアリ。

毎日寝て暮らす、というなら、ソレもアリなんだな。

誰かや何かと比べて自分も同じようにやらなければならない、と決めないこと〜。

マジメな人ほど、きちんとやりたいと思っちゃうから。
たまにはサボっちゃってもヨシ。ただ、マジメな人はどうしても自分を責めがちだから、責めないでね。

POINT 1

たまにはやりたいようにやってみる。

思いついたことを なんでも 書いてみよう

書きたいこと。

たとえば、昔嫌いだったやつ。あいつはやなやつだった。今でも思い出すと許せない。

そんなことでもいいし。

すごく好きだったおもちゃ。あれはどこへ行っちゃったのかな。捨てられてしまったのだろうか。今見てもやっぱり好きかなあ、なんてことでもいい。

悩みでも、楽しいことでも、これから先のことでも、空想でも現実でもなんでもいい。

好きなように書く。

それも文章で書くのだ。

ひたすらに文字で書く。

紙に鉛筆でも、半紙に筆と墨でも。もちろんパソコンでもいい。キーボードを叩《たた》きまくるのもいい。どんなサイズでもどんなことでもいい。

とにかく書くのだ。

なんの脈絡もなくていい。

どんなに飛んでもなんでもいい。

どんどん書く。書けなくなるまで書いてみる。
思いついたことを箇条書きにするのでもいい。
そうして書きまくったことを、しばらくとっておくのだ。
その時書いたことを忘れた頃に見直してみる。
そうすると思ってもみない自分がそこに表われていたりする。
温和な自分。暴力的な自分。明るい自分。暗い自分。
言葉というのはスゴイと思う。
難しい漢字など知らなくていいのだ。ひらがなでもいいのだ。
ただひたすらに書いてみる。
ここに自分の求めていた答えが見つかったりすることもあるのだ。
やってみるといいよ。

うまく書こうとするなかれ。
幼少の頃、必死で書いた作文程度で可。大人になった分、ボキャブラリーも増えてるだろうし、意味不明だった言葉も多少なりともわかるようにはなっているハズだし、思ってることを少しは鮮明に表現できるようになってるだろう。

字って不思議なモノで、こうして書いていても、時々不思議だな、って思うことがある。どうやってこんな風になったんだろうなあ、文字って。

漢字だって元は何かの形だったんだよね。音を字にする。音を見るってことになるのかな。

音。この文字ひとつでも、不思議。

立と日で、音。なんでだ？

わしはこんなところで引っかかって、うーむうーむと考えたりする人間なのだが、
そういうのもやっぱり書いてみないとわかんない。

ぜひなんでもいいから書いてみよう。

POINT 2 自分の求めていた答えが見つかることも。

うまくなくたっていい、絵を描いてみようよ

絵を描ける人、描けない人、というのがいるように思うが、実は絵を描けない人というのはいない。

別にうまく描く必要なんてないんである。

誰かに見せるワケでも、それを商売にするワケでもない。

とにかくいろんな色を使って、どんな画材でも、どんな紙でもいいから、めったやたらと絵を描くのだ。

なんでもいいのだ。

そして、なんの絵でもいい。描けなければただ、線を引くだけでもいい。

紙はできれば、白がいい。白から始めて、赤くしたいなら、赤く塗る。

好きなように好きに描く。ただ塗る。線を引く。好きなように。

何枚描いてもいい。

安く売っているスケッチブックと、12色くらいのクレヨンで充分。もちろん、もっとたくさん色の種類のある色鉛筆でもいいし。

絵の具でもいい。

単なる鉛筆と消しゴムでもいい。

ひたすらに何枚も描きつづけるのだ。思いつく限り。線を引きまくるのだ。

傍《はた》から見たらヘンな人に見えるかもしれない。でも、そんなことはどうでもいいのだ。人からどう見られるか、なんてどうでもいい世界なのだ。今は。

そのうち、何かに集中し始める。何かわからないけれど、無に近い状態になれると思う。

スカッとした！という感覚が残るかどうかはわからないけれど、とりあえず、普段は味わえない感覚を味わうことができると思う。

現実の社会で生きている自分を、そんなことをすることで、切り離してみるのもいいと思う。

何か新しい自分を見つけることができるかもしれない。

ちなみにわしは、元々少女漫画家だったのだ。今はシンプルな線のギャグの絵を描いたり、文字を書いたりして生かしてもらっているけれど、時々違うモノが描きたくてうずうずすることがあるのである。

もちろんギャグの絵を描くのは楽しい。そして、スキャナで取り込んで、パソコンで色をつけているけれど、ソレも楽しい。

文字は当然、キーボードをビシバシ弾いて（字を書いている時って、ピアノ弾いてる時に似てたりします）書いているけれど、やっぱり原稿用紙に万年筆で、とか、イラストはスケッチブックに鉛筆で、とか、シリアスな絵を描きたい、という衝動や、いろんな気持ちがわき起こるのである。

そしてスケッチブックを取り出して、いたずら描きに燃えるのだ。

で、万年筆で原稿用紙や手紙を書いていると、なんと、文字も絵なんだなあ、ってことを思ったりする。それでまたスケッチブックを取り出して、とやってます。

POINT 3 知らないうちに無の境地に。

温かい飲み物は
体も心もホッとさせる

悲しい時。ツライ時。たとえ真夏であっても、温かい飲み物というのはとても救いになるモノである。

冷房のきいた部屋で、温かい飲み物を飲む。

冷えきった体にその温かさはとても幸せだ。

真冬でもいい。

目の前にストーブがあっても、エアコンがきいていても少しも暖かくない時。どんなに熱いお風呂に入っても、手足が冷えて、眠れない。

そんな時にも温かい飲み物はいい。

なんでも好きなモノでいい。

ミルクが好きならそれでいい。

コーヒーが好きならそれでもいい。

ココアでもお茶でもなんでもいい。

スープでもいい。

温かい飲み物がいい。

虚しい、悲しい心にひとつ、柔らかい光のようなモノを与えてくれるような気がする。

少しだけでも安心できる。

そんなちょっとの安心が、何かを始めるための力になってくれたりするモノだったりする。

人間というのは不思議なモノだね。


よく、昔読んだ絵本や本、映画の中で、温かいスープをいただいているシーンとか、焚き火でお湯を沸かして、飲み物を飲むシーンがあるけれど、あのホッとするカンジ、すっごく幸せな気分になる。

冬山登山中に思ってもみない天候に見舞われたためにビバーク（吹雪《ふぶき》をなんとか避けるためにシートかぶってたりするヤツね）するとか、テントはなんとか張れたけど、外は吹雪で轟々《ごうごう》いっている。テントの中で灯りをともして、小さなガスのコンロでお湯を沸かして、コーヒーをいれて。

ああいうのって、ホントは経験した人にしかわからないのだろうけれど、見ていてホントにホッとする。

実際、一人で山に登った時に真夏なのにヒョウが降ったり、気温がものすごく低くなったりしたことがあるけれど、元々すでに標高が高いから寒いのに、大気がそんなことになろうモノなら、手はまともに動かなくなる。それでもなんとか下山して来て、山小屋で温かいお茶をいただいた時には、至福です。

とか書いていたら、なんとなく寒い気がして、インスタントのスープが飲みたくなりました（もちろんきちんと作ってもいいんだけど、そうでなくて、ソッコーで、となるとやっぱりインスタントになっちゃうよね）。

POINT 4 ホッとしよう。息をつこう。

Column 1

お気に入りのホットな飲み物

＊台湾の良いお茶（結構高いけど）をゆっくりいれて、香りを楽しみつつ、飲む。コレはかなり至福。中国茶ではなくて、台湾茶がヨシ。

＊マジメにレモンを搾り、純粋はちみつを入れて、お湯を入れる。正しいはちみつレモン。量は自分の好きなように適宜《てきぎ》足す。酒好きな方はブランデーなどを入れるのもヨシ。

＊インスタントのコーンスープ。気に入ってるのは生協のコーンスープ。特に何が、というワケではないが、なんとなく好きなのだ。

＊沖縄のさんぴん茶（つまりはジャスミンティーなのだが）。なぜかわからないが、沖縄のスーパーで２００円くらいで売っているピンクのがいい。ちなみに、沖縄ではさんぴん茶でお茶漬けをしたりするそうだが、さすがにまだ試していない。

＊牛乳を鍋で沸かして、そこにアールグレイの葉を適量（少なめがいいと思う）入れる。しばし煮る。香りがたって、色が出て、茶こしでこしたらロイヤルミル

クティーの出来上がり。甘い方が安心感があるかも。砂糖ではなくて、はちみつがおすすめ。

＊ハーブティー。レモンジンガーというティーバッグは好き嫌いがあまりないと思う。ハイビスカスとローズヒップがベース。色は赤くてなかなかキレイ。お手軽です。

折り紙はなつかしくて新しい楽しみ

最近折り紙を折ってみたことがあるだろうか。わしは先日、突然思い立って折り紙を買ってみた。なんだかさっぱりわからないんだけど、とにかく折り紙が欲しくなって買った。

鶴でも折ってみようと思ったら、折り方をすっかり忘れていた。あーでもない、こーでもない、と1枚の折り紙を何度も折ったり開いたりしてたらボロボロになってしまったけれども、どうにか鶴を折りあげることができた。

屋形船とか、手裏剣とか、なんだかいろんなモノを昔はするすると折っていたのに、今は鶴すら折れないとは何事ぞ、と自分を戒《いまし》めてしまったりした。

ところで、最近の折り紙にはスゴイ折り方がおまけについていたりして、感心する。おまけについていた折り方を見てみたら、あまりにいろんなモノがあったので、とりあえず中級編というのにトライしてみた。

ちなみに「ハスの花」というモノにトライしたのだが、コレがまあ、難しい。子供では絶対に折れまい、という高級なテクニックが必要なのである。曲げて折りながら開く、みたいな技がいるのだ。

まあ、手先はそれほど不器用ではないつもりなので、大丈夫だろうと思い、1枚しか入ってない金の紙で折ってみた。

　コレがまた、思ってもみないくらい大変であった。丸30分くらいかかったのではなかろうか。金の紙というのは折り目がはっきり出てしまうので、失敗は許されないのである。

　それでも、なんとか折ることができた。

　だが、なんとなく何か違うのである。

　見本とも違うし、何が一番マズイって、どーにもハスの花に見えないのである。

　いろいろいじってみたり、紙をカールさせたりと努力はしてみた。

　結果的にはなんとなく……なんとなくなのだが、ハスの花に見えるようにできたような気がする。

　その後もいろいろ作ってみた。

　昔懐かしい「やっこさん」とか。

　いろいろ折っているうちにだんだん楽しくなってきた。

　いろんな色で、いろいろなモノを折って、机の上にその作品達ができていくのはなかなかよかった。

　その数時間は本当に楽しかった。

久しぶりに本当に心から何もかも忘れていた。
折り紙って、いいかもしれない。

POINT 5

無心に折っていると、立体がたちあがり、感動。

写真集は素晴らしい世界の入り口だ

写真というのは不思議だ。フィクションではないのに、実際現実にあったモノを撮っているのに、何かこう、違うフィルターがかかっているというか、微妙に現実とは違う現実感がある。

目の前にあるそのままを写しているのに、レンズを通すだけで自分が見たのとはまったく違う風景が写真になっていたりする。

そんなワケで写真を見るのはとても好きだ。なんとなくちょっと現実とはズレた現実、というか。そのズレ感がなんだかいい。

わしは写真集、というよりは図鑑が好きだ。

もちろん絵で描かれている図鑑ではなく、写真で構成されている図鑑。

昆虫図鑑、植物図鑑。魚類図鑑も楽しい。

以前に魚類図鑑のつもりで買ったら、なぜか食べられる魚ばかり載っていて、ご丁寧にその魚の捌《さば》き方、というのが載っている謎な本があった。

実際に捌いてみよう、とは思わなかったのだが、見る分にはなかなか楽しかった。

生き物はいい。好き嫌いはあるにしても、生きている魚や昆虫というのは本当に面白い。まるで精巧にできたロボットのようだったりもする。なぜそんな形に進化したのか、まったく謎だ。

あまりの色の美しさにしばし見入ってしまったり、なんたる地味なところに住む地味な生き物なんだろうか、などと感心したりもする。

まったく違う話だが、以前に山の写真展というのを通りすがりに見たことがある。デパートの展示会場でやっていて、その最終日にたまたま通りかかったので、見てみたのだ。

これがすごかった。

本当にすごい色なのだ。

原色、というのか、本当にこんな色なんだろうか?と。見てみたいと思った。でも、ヒマラヤなどのとてつもなく寒く厳しい山ばかりで、今すぐに行くということはできそうもない山ばかり。

そこに1時間や2時間はいた気がする。

その後その写真家が南極大陸の写真を撮っている、ということを知った。本当にスケールのデカイ人である。その人の名は白川義員《よしかず》という。

図鑑のようなミクロの世界と、山岳写真などのマクロな世界。

どちらも面白い。

世界の街の写真を見て、その街へ行って歩いているような気分になったり、海の中の青と巨大な魚との組み合わせに酔ったり、写真というのは本当に素晴らしい。

POINT 6 海の底にも、ヒマラヤへも行ける。

Column 2 お気に入りの写真集

＊はっきり言って、生き物に完全に偏《かたよ》っております。わしの場合。まずはたぶんあんまり嫌いな人がいないであろう小動物系写真集、というか、小さな本なんだけど。講談社刊『オコジョ』『ナキウサギ』『エゾモモンガ』『ヤマネ日記』。あんたたち!! うちに来なさい!!ってカンジ!! かわいすぎ!!

＊栗林 慧《さとし》という昆虫写真家の『栗林慧全仕事』（学習研究社）という写真集。4700円くらいでちょっと高いけど。虫が嫌いな方にはおすすめしないが、ものすごいアングルでとんでもない写真がいっぱいです。虫ってこういう視点で見てるんだ！って思えるスゴイ1冊。

＊旺文社学習図鑑『昆虫』。持って歩けるサイズだから、山に行った時とか、なんだこの蝶は、とか気になったらすぐ調べられるのでヨイです。

＊東海大学出版会のフィールド図鑑シリーズ。サイトから直接買えます。いろんな生き物図鑑があって、とても楽しい。

http://www.press.tokai.ac.jp/top.jsp

＊『ハーブスパイス館』（小学館）。ハーブが一発でわかります。写真集とはちょっと違うけど、ありとあらゆるハーブと、ちょっとしたレシピつき。３８００円くらい。

＊ＪＴＢのＭＯＯＫ『満足度90点以上の宿』。オールカラー。全国の贅沢な宿が満載。見ているだけでもリッチな気分になれる。

（ちょっと昔に書いたので、もしかすると存在しないかも……です～）

ひたすらいろんなことを考えてみよう

ひたすらに考える。いろんなことを考える。今、自分はこうして生きているが、今後社会は、宇宙はどうなるのだろうか？　自然はどうなる？

ネタはなんでもいいのだ。ただひたすら考えに考えるのである。

今、自分はパソコンに向かって座って文章を書いている。しばらくするとトイレに行く。その後、文章を書くのにちょっとくたびれて、時間は夜中だけれど、小腹がすいたので料理を作ろうとするが、冷蔵庫をあけると何もない。ついでに、いつもだったらせめてゴハンくらいは炊いてあるのに、それすらない。

ではコンビニに何か買いに行こうか、と思いきや、外は大雨である。出かけるのもなんだか億劫《おっくう》になってしまった。

何かないだろうか、と戸棚を探るも何もない。うどんや素麺《そうめん》のような乾麺の類《たぐい》もない。なぜこんなに何もないのだ?!

ふと不安になって、大雨の中コンビニへ向かってみる。そうするとコンビニはあるものの、商品がひとつもない。店員もいない。

よく考えてみたら、夜中とはいえ、誰も人がいなかった。

車も走っていない。タクシーすらいない。

なぜこんなに静かなのだ？

住宅街を歩いてみる。相変わらずの大雨である。家々には灯りが灯《とも》っている。しかし、人の気配、いや、生き物の気配がまったくしないのである。

なぜなのだ。

目の前の「田村」と表札の出ている家のチャイムを鳴らしてみる。誰も反応しない。ドアノブを回してみると、ドアは簡単に開く。

声をかけるが、反応はない。勝手に上がりこんで家中を歩きまわってみるが誰もいない。

他の家も同様である。自分の住んでいるマンションに戻り、隣や下の階、上の階、いろんな部屋のチャイムを鳴らしてみるが、誰もいない。

誰もいないのだ……。何もないのだ。

もしかしたら、今、空腹を感じている自分は、本当に存在するのだろうか？　本当に⁇

……などと。

考えてみるのである。果てしなく何処《どこ》までも。

いったいどこにたどり着くのだろうか。

自分の頭の中ってもしかしたら無限なのかもしれない、などと考えているうちによくわからなくなってきて、現実と非現実の区別もつかなくなってきて、もういいや、今日は寝よう、ということになるかもしれない。そうでもないかもしれない。

何が起きるかわからない。

いろいろ考えているうちに、朝になって、外は先ほどまでの大雨がウソのように上がっていて、晴れ渡っている。

やまない雨はないのだ。

地球に住むことができて本当に幸せだなあ、と思える自分がそこにいるかもしれない。

POINT 7 信じていれば、なんでも真実。

気ままに家で飲むのもいい

最近だいぶ酒量が減った。減らした、というのもあるけれど、かなり減った気がする。

でも、たまに飲む。

その時の気分に合った酒を飲む。

なんだか飲みたくなる時があるのだ。

それも、外に飲みに出るのではなくて、とにかく家で。

やりきれなくなった時、それはよくある。

部屋の電気を消して、アロマキャンドルなどを灯したりして、またはスタンドの灯りだけにして、部屋で一人で飲むのだ。

何か音楽があってもいい。音だけのものがいい。歌詞はない方がいい。

なんだか泣けてきたりする。

意味もなく怒りがこみ上げることもある。

酔いつぶれても別にいいのだ。

誰も見てない。一人なのだから。

夜でも昼でも関係ない。

とにかく部屋にこもって、電気を消して、パソコンの電源も落として、電話の音も切って。

何も外とつながらない状態で、一人でずっとこもるのである。そしてひたすら飲むのである。

何もいらない。ただそこにいる。そして飲んでいる。アタマの中ではいろんなことを考えているかもしれないけれど、とにかく飲む。

しばらくすると、ふとどこかがフラットになって来る。平面が自分の中にできるのだ。

そこに立ってみる。

見渡してみる。

何があるだろうか。

その何かは自分にとって、大切なモノだろうか。それとも何でもないのだろうか。

どんなことがあってもなくても、いいのだ。

そして、まだ飲みたかったら飲む。

飲みたくなかったら、そこでやめておく。

その後の自分がどこへ行くのかなんて、考えなくていいのだ。好きなようにすればいいのだ。

そんな時間を作るのもたまにはいいものである。ふと、自分の知らない自分を見つけられたりすることもある。

何があっても何もなくても、自分は自分なのである。それだけでいいのだ。

まずはそこから。

POINT 8

自分は自分。それでOK。

＊酒を飲まない人は温かい飲み物でやってみよう。

ふらふら〜っと
外に飲みに行く

久々に飲みに出る気になったので、いつも行く飲み屋へ向かってみたのだが、どうもなんとなく違う気がしたので、いつもの街のいつもの道を逆方向へ歩いてみた。

酔っ払いがたくさん歩いている中、見知らぬ道を歩く。ずっと小さな飲み屋が続いている。

ふと店が途切れて、ビルが建ち並ぶビジネス街に入る。知らないビルが並んでいる中を適当に歩いてみる。

ただ何もないビル群の間の道にも、時折ぽつぽつと小さな飲み屋がある。

バーもスナックもある。

居酒屋で飲む気分だったので、古い暖簾《のれん》の下がった店を選ぶ。ガラリと戸を開けると、昔の民家のような、囲炉裏と土間が見えた。その奥にはカウンターがある。

思ったよりも奥行きのあるその店にはちらほらと人がいて、みな一人で適当なつまみを食べながら飲んでいた。

いらっしゃい、と声をかけてくれたのは、老婆であった。

メニューも何も置いていない。

焼酎か日本酒しかないよ、と言われ、焼酎のロックを頼む。

ほどなくして、酒とつまみが目の前に置かれる。ビール用の大きなジョッキに氷が詰め込まれ、なみなみと焼酎が注がれていた。

つまみはイワシの刺身と、煮物。

おなか減ってたら、何か作るから、と言い残してその老婆は曲がった腰に手をあてながら、店の奥へと去って行った。

囲炉裏のそばに座って、煮物と刺身をつまみながら焼酎を一口飲んでみると、案外いい焼酎である。そこらで安売りしているようなものではないのが酒飲みであるだけにわかる。

これは案外いい店を当てたなあ、などと思いながら、ちびちびと飲む。

人が一人帰ると、またしばらくして一人入って来る、というような状態が続き、こちらも大きなジョッキで1杯2杯と焼酎を飲み、気づけば店には誰もいなくなっていた。

そろそろ出ないとマズイかな、閉店だろうかなどと考えていると奥の方から声がした。

「うちは閉店時間はないから、気にしなくていいよ」

昔話の中に取り込まれて行くような感覚がある。どちらにしても、そう長い時間はいられない。さすがに酔ってきたからだ。

そろそろ帰ります。お勘定を、と言うと、1500円という声が聞こえた。あまりに安いので、間違えてないかと聞いたが、この値段でいいと言う。

よかったらまたおいで、と領収書をくれた。その領収書をよく見もしないで「ごちそうさま」と店を出た。

タクシーがちょうど来たのでそのタクシーを止め、乗り込んだ。

その後のことはよく覚えていない。かなり酔っていたようである。

目がさめてみると、自分の家であった。タクシーできちんと自宅に帰り、寝たらしい。

人間の帰巣本能というのはスゴイ。

二日酔いというほどではないけれど、何気に残るアルコールを消そうと熱い茶をいれて、仕事を始める。

その後、1カ月ほどしてから、また飲みに出る機会ができたので、ふとあの店へ向かってみた。

あの時と同じ古い暖簾の奥の戸を開けると、まったく同じ風景がそこにあった。

また来たね、と声がした。

来ましたよ、と返事をして、店の戸を後ろ手に閉めた。

POINT 9

行きつけのお店もいいけど、知らない場所も結構いいものだったりする。

ただ居るだけ、何もしない

わしは自由業だから、休みを作ることはわりとできる（〆切を延ばすことになっちゃうけどね）。

もし、自由業でなくても、1日くらい有休取れるでしょう。ある朝突然具合が悪くなった、と会社に1本電話を入れる。

その日は1日休みです。

あなただけのお休みの日。誰にも関係ない。

家にいよう。ずっと家にこもっていよう。

洗濯物もたまってるかもしれない。掃除もできてないかもしれない。毎日履いている靴が埃《ほこり》まみれかもしれない。

でも、気にしない。

自分以外を意識しないこと。

そして、自分の家の中の一番ラクな場所に居よう。ベッドでもいいし、ソファでもいい。どこでもいいから居心地のいいところ。

そこで、何もしない。ただ居るだけ。

いろんな考えがアタマの中を渦巻くと思う。だけど、その考えを全部認めて、置いておく。

無視しようしようとすると、よけいにいろいろ浮かんでくるから、置いておく。

会社をズル休みしたことは罪ではない。ズル休み、じゃなくて、休養なのだから。

そのために有休っていうのは使うモノだと思う。

遊ぶために使うのもいいけど、何もしないために使うのも1日くらいいいでしょう。

場所が決まったら、そこにただ居る。何もしない。

いろいろしたくなるかもしれないけど、しないのです。

ぼーっと天井を見てるのもいい。横になってもいい。そのうち寝てしまったらそれでもいい。とにかく何もしない。

音楽もかけない。自分の呼吸や、エアコンの音、冷蔵庫の音もするかもしれないけれど、それも気にしない。心臓の鼓動も気にしない。

できれば眠らずに目を閉じて、何も考えずに横たわっているのがいい。

そうすると、自分の体がどこにあるのかわからなくなって来たりする。不安になって指を動かしたくなるかもしれないけれど、それもしない。何もしない。

何もしないことって、実は人間にはないんだな。食事をずっとしなかったらやっぱり生きられない。

それがわかっていても「何もしない」ってとても贅沢《ぜいたく》なこと。

休みには必ず何かイベントを、と考えてしまいがちだけど、ただそこに居るだけ、というのは本当に贅沢なことだと思うし、とても休めると思うのだ。

1日何もせず、ただ居るだけの日を送る。

たまにはいいと思うよ。

POINT 10
「何もしない」という贅沢。

眠れない時には
どうする!?

眠れないことって結構多い。

どっちかつーと熟睡できてることの方が少ない気がする。

当たり前の方法だけど、軽く一杯やる。それも甘いリキュール系なんてのが案外よい（養命酒がよかったりもする）。

本来は苦手だったのだが、ちょっといいカルヴァドスを手に入れたらハマってしまい、ロックで飲んだりしている。ちょっと安心できる味。ホッとして眠りにつくことができたりする。

でも、本当に厳しく眠れない時。

不眠症かも、というくらいの。

眠れないからどんどん弱る。食べられないより眠れない方が、経験上弱る気がする。

眠らないと翌日ツライのもわかってるけど、やっぱり眠れない。こうなったら眠くなるまで起きてるか、と思うけど、翌朝早い仕事があったりして、どうしてもマズイ。

でも、結局寝不足（というか完徹）で出かけることになる。

列車やバスでの移動途中でほんの10分ほど気を失う。気絶ってカンジ。

それでも充分復活するのだけど、やっぱり本格的な睡眠時間としては全然足りてない。

どうする??

実は人間というのは、横になってるだけでも体が休まるそうである。自分で試してみたけど、ホントにそう。

なかなか職場や学校では横になれないと思う。

でも、休みの日。

そりゃあいろいろやりたいことや、やるべきことがあるかもしれない。だけど、あえて我慢して、横になろう。

部屋が汚いから掃除、それはとても良いこと。でも、横になろう。

どうしても気になるんだったら、布団の周りだけきれいにする。さらに気になるなら洗濯機を回しながらでも横になる。

洗濯が終わったら干す。また横になる。

気になることは気になるから、気になることはやる。でも終わったら横になる。

これを繰り返してるうちに、横になってる状態にだんだん慣れて来る。いずれ眠気がやって来る。そしたら、その誘いに乗ろう。

どうやっても眠らないといけないのに眠れない時は、眠る場所を変えてみるのもヨシ。いつもはきちんとベッドで布団で、という場合。あえて、リビングの床で寝袋で寝てみるとか。結構安眠できたりすることがある。
寝る寝る言ってますが、これは怠けてるのとは違うよ。
眠れない人のための、眠りに近づく方法なのです。

POINT 11 横になっているだけでも体は休まる。

Column 3

安心して眠るために……

＊枕と布団は大変重要。軽いのがいいとか、形状記憶の枕がいいとか、いろいろ言われているが、自分に合ってないと全然ダメなのだ。ふかふかのマットがいい人もおるし、それだと肩こりがする、という人もいる。千差万別。アタマは冷えている方が熟睡できるそうだ。枕も風通しがいいのがいいそうである。実際使ってみてそう思う（わしはそばがらが好きだが、そばアレルギーの方は注意）。

＊何度も読んで大好きな本を枕もとに置いておく。寝る前にちょっとだけでも読むと安心して眠れる。

＊1日の疲れがお風呂に入っても取れない時には軽いストレッチを布団の中でするとヨシ。腰をひねるとか、腕を伸ばすとか。力を完全に抜くには、1回全身に力を入れるといいそうだ。そうすれば必然的に力が抜ける。やってみたけど、ホントだった。

＊熱が出た時アタマを冷やすグッズ。冷凍庫に入れておくアレである。熱がなくてもアレにタオルをまいて、首のあたりやおでこにあてて寝ると安眠できる。

＊好きな材質のモノを首とか顔のあたりに触れるようにして寝る。タオルとか。ふかふかの毛布とか。幸せ。

＊毎日洗った方が、そりゃあ清潔なんだろうが、実は、2日3日経《た》ったくらいのシーツとか布団カバーとかの匂いが安心感がある。自分の匂い。好きだ（ヘン？）。

Chapter 2

ちょっぴり何かできそうな気分の時に

少しの元気はあるけれど、そんなにパワフルに動けない。くたびれちゃってる。そんな時。ちょっとだけなら動けるというのなら。

ちょっとだけ動いてみる。

一生懸命じゃなくて。

ちょっとだけ。

くたびれたな、と思ったらすぐ休んじゃう。

そんな風に動いてみるとだいぶラクになれることもある。

ちょっとしたことだけやる。

大変そうなことはやらない。

それでいいの。

大丈夫。

ちょっと外に出てみよう

落ち込んでどうしようもない時。何もしたくない時。でも、ちょっとだけ外に出てみる。

ほんのちょっと。

自分が住んでいる近所でいい。

春なら桜が咲いていることもあるだろう。近所の家にある1本の桜の木が、満開になっているのに気づかなかった。そんなことにハッとすることもあるだろう。

夏なら、大きな木が濃い影を落としている場所もあるかもしれない。太陽の下を歩いていて、汗をタオルのハンカチで拭《ふ》きながら、ふとその影に入ると、とても涼しいことを感じる。

秋は銀杏《いちょう》並木が黄色く色づいている。

銀杏には男の木と女の木があって、女の木にしか実はならない。

そんなことを考えながら、ほんの短い時間の散歩をする。

真冬の凍るような冷たい空気の中を歩くのもいい。

そういう時は一人がいい。

誰かと歩くのもいいけれど、一人で歩くと、いろんなことが発見できる。

うちの近所には、とても小さな土手がある。こんなところに、こんな狭い土地に、春は雑草と呼ばれる草が芽吹いて、夏になれば、生い茂り、秋には枯れて、冬には何もなくなる。

そして、また春に芽吹く。

今年もまた芽吹いて、茂って、枯れていくのだろう。来年もその土地がある限り、同じように変わらず繰り返されるのだろう。

そんなことを思いながら、ほんの数分の散歩を終えて自宅に戻るのだが、それでもちょっとは気分の変わっている自分がいる。

たまにはちょっと外に出るのもいい。

でも、それすらもツライ、そんな時には。

まったく窓がない部屋に住んでる、という場合以外は（多分どんなに小さな家でも1個くらいは窓があるよね）窓を開けてみよう。

晴れていて軽く風がある日は、乾いた空気を風が部屋の中に運んで来てくれる。

雨の日は、雨のしっとりした香りが癒《い》やしてくれる。

しばらく窓のそばに座っているだけで、だいぶラクになれるハス。

風にそよぐ、ちょっと離れた小さな森の木を眺めているだけでも、ちょっとは幸せな気分になれると思う。

ベランダのある人はぜひベランダへ。
鉢植えの1つも置いておいて、水やりがてら、ベランダに出てみる。
小さな自然が迎えてくれるよ。

POINT 12 そのまま、靴だけはいてドアをあけよう。

Column 4

近所を歩こう

＊ちょっとしたお買い物をしに行く。近所のスーパーでもコンビニでも可。特に買うモノがなかったら、買わなくても可。

＊近所に公園があったら行ってみよう。小さな公園でも大きいのでもなんでもいい。だけど、できれば空いてる方がいいな。

＊歩いてみると、いろんなモノが発見できる。近所の家の庭先に植えてある花とか。いつも同じところにいるネコとか。ちなみに先日見たら、駐車場の車の上で寝るのが趣味のネコは、黒い車から白い車に居場所を変えていた。

＊地味な店に入る。いかにも、な雑貨屋さんがあったら（オシャレ系ではなく、本当の雑貨屋）ぜひ。ネジとかドライバーとかモップとか見てると、なんだか落ち着く。不思議だ。

＊自分の家の周りを1周してみる。試してみたのだが、住宅が密集している地域のため、道が少なくて、結構な距離を歩いたことが発覚。

＊ゴミ捨てに行ったら、割と大きな犬だけど、黒い顔に茶色の眉毛があって「まろ」なわんこが寄って来たので、アタマをなでていたら、飼い主さんが遠くで怒っていて「まろわんこ」は「ひー！」とばかりに戻って行ってしまった。ちょっと面白かった。

特に理由はいらない、花を買おう

花というのは、なかなか難しいと誰もが思いがちである。何か、こう、理由がないと買わない場合が多い。誰かのお祝いとか。

だけど、そうではなくて、自分のために花を買う。

そんなにゴージャスな花でなくてもいい。

花束にする必要もない。

その季節ごとに、旬の花というのは安く売っているモノだ。

軽い気持ちで花屋さんに入ってみる。

わからなかったら聞いてみる。

「どんな花がおすすめですか?」

花屋さんは喜んで教えてくれる。

自分の予算を言って、揃《そろ》えてもらってもいい。でも、自分の気に入った花を買うのがいいと思う。

花にはいろんなパワーがあるらしい。

あまり詳しくないけれど、たぶん、好きだな、と思った花が一番今の自分に合っているのだと思う。

鉢植えでもいい。

日当たりのいいところでないと草木は育たない、と思いがちだが、そうでもなかったりする。湿気があって、ちょっと日陰の方が育つ、という花も多いのだ。

わしはいろんな草木を植木鉢に植えて、自宅のベランダに置いている。

もちろん害虫にやられて退治したり、ずっとそのままでは栄養分がなくなるので肥料をやったり、何年かに1度は植え替えたりという手間はあるし、枯らしてしまったモノもある。

だけど、一生懸命育ってくれるのを見ていると、こちらも一生懸命になったりする。

もう何年になるだろうか。何回かの引っ越しを共にしたハイビスカスがある。

赤と黄色の2色。鉢植え1個ずつ。

ハイビスカスは強いので、真冬に外に出しておいても、葉は落とすけれども、春になるとまた芽吹く。

でも、真冬に外に出しておくのはやっぱりかわいそうなので、部屋に入れる。暖房がきいているのと、太陽が部屋まで入って来るため、次から次へと真冬に花をつける。

春になるとなぜか咲かなくなって、そろそろ外を半袖で歩けるようになったな、という頃になると、ベランダに出すのだが、そうするとまた花が咲く。

うちは年中ハイビスカスが咲いている。
夏が好きなわしは、本当にそれだけで幸せなのである。

POINT 13
店頭にある500円くらいの花束でもいい。

Column 5

自分の好きな花を飾ろう

＊アルストロメリア。元々チリの花だそうだが。切花のシーズンは春と秋かな。その時季には結構お手ごろ価格で手に入るので、いろんな色を取り揃えて飾ると華やかで良い。

＊トルコキキョウ。3月から9月くらいがシーズンだそうです。ありとあらゆる色があって、八重もあったりして、コレっていったい何の花?と思うこともアリ。北アメリカ原産、なんと日本には昭和初期からあるそーな。びっくり。

＊シャクヤク。小さな固い丸いつぼみなのに、開くと自分の顔くらいあるんじゃないの?というくらいの大きさになる。寝て起きるとそんな風になっててどびっくりする。濃い色薄い色、形もいろいろ。

＊ランタナ。小さな花がたくさんついて、大変かわいい。いろんな色の苗を大きめの鉢にまとめて植えるととてもキレイ。

＊クリスマスローズ。寒いクリスマスの頃に花をつけることからそう呼ばれるよ

うになったらしい。あまりハデな花ではないので、見つけにくいかもしれないけど。しみじみとした花です。

＊桃。ひな祭りで有名なあの桃である。完全に時季が限られるが、桜と同じ時季に出るので、両方一緒に飾るとゴージャスだ。

＊ネコヤナギ。ふかふかの銀色の花序《かじょ》（つぼみとは言わんようである）はなんとも言えず、幸せなカンジがする。は〜、ふかふか。

＊カサブランカ。香りがすばらしい真っ白なユリ。日本にタモトユリというユリがあったのだが、あまりにも美しいため、どんどん採られ、絶滅してしまったそうだ。その種を品種改良してできたのがこのカサブランカだと知って、なんだかちょっと悲しくなった。

＊ポピー。たくさん買って来て、ざっくり飾る。どんどん咲く。何色が出るかはお楽しみ。

好きなように入る
お風呂、幸せな時間

お風呂が好きだ。

自宅の風呂でも温泉でもいいけど、とにかく風呂が好き。わざわざ遠くの温泉へ出かけるのもいいが、自宅の風呂が一番手軽である。

いろんなモノを持ち込む。缶チューハイやビールの1本とか、濡れてもOKな雑誌や本とか。防水のラジオやテレビを持って入ってもいい。

お肌の手入れをするのなら、お風呂でできるパックとか、かかとをすべすべにしましょうグッズとか。

全身に使えるスクラブや、いろんなモノを売っている。まずはそれを買いに行こう。

もちろん入浴剤も必要だ。

どんなのでもいい。アロマオイルを数滴たらすだけでも充分である。

自分の好きな香りにするのが一番。

そして、自分の好きな温度で。

熱すぎるのもぬるすぎるのも苦手なので、わしの場合は41度。たまたまそういう設定のできるお風呂なので、いつも41度にしてある。

今気に入ってる入浴剤は「クナイプ」というシリーズの「ホップ」である。割とあっさりさっぱり植物系の香りだけど、とても安らぐし、寝る前にはおすすめです。

普段、忙しい時はなんとなくシャワーで済ませてしまう。でも、やっぱりゆったりつかるとかなりラクになります。

リラクゼーションとしてはもう当たり前になったお風呂。無理に腰湯にするとか、足だけつけるとか、あんまりこだわらなくてもいいと思うのです。

とにかく好きな香りと、好きなモノを持ち込んで、ゆっくりバスタイム。

フローティングキャンドル、などというモノもあります。バスタブに浮かべて火を灯すと、なんかいいカンジ♪

この場合はもちろん電気を消して。

好きな香りと落ち着いた空間が出来上がる。

ちょっとした手間ではあるけれど、こまごましたモノを売っている場所へ行って、ちょっとしたお風呂グッズを揃えておくと、たまのお風呂タイムがとても素晴らしい充実した時間になる。

幸せなひと時……。

ゆっくり過ごそう。

なるべく何も考えないのがベスト。

できれば、アロマキャンドルなんかを浮かべて、のんびり過ごせるような環境を作るのもまた楽し。

POINT 14
いい香り、いい気持ち。

Column 6

おすすめのアロマオイル

*ローズ。ローズのオイルって結構高いので、ちょっとだけ。でも、ほんの1滴で充分香りが楽しめます。

*ベルガモット。柑橘系、というカンジかな。冴《さ》える系の香りです。

*言わずと知れた、ラベンダー。ホントに落ち着くので。ぜひ。

*レモングラス。もー、この香りって、本当に好き！　草刈りのあとの青臭さに、レモンをざーっと搾ったカンジ。

*ユーカリ。すっきり。花粉症の方は（わしもそうだが）その時季にもヨイと思う。

*カモミール。ちょっとリンゴ？なカンジの香り。コレもラベンダーと同様有名だけど、ホントに落ち着く。

*サイプレス。フランスの植物だそうです。すっきり系。ストレスがたまってる

とか、生理不順にもいいそうだ。

＊直球ですっきりしたい方には、ペパーミント。真夏におすすめ。爽《さわ》やか。

＊パッションフルーツ。この香りのモノ、なかなか見つけにくいかもしれないけど、最近結構見かけます。大好き。穏やかな気分にさせてくれる。

気づいた時に
ちょこっとお掃除

ちょっとしみじみした雨の日に、なぜかお掃除をする、というのがなかなかいい。お掃除というのは基本的に晴れた日がいいのだろうけれど、雨の日がいいのだ。

そんなに本格的でなくていい。

うちはフローリングが主なので、フローリング用のお掃除グッズを用意して。

まずは乾拭《からぶ》き。毎日のようにちょこちょこやってても、フローリングって埃がたまる。

それをフローリング用のモップで拭く。鼻歌などを歌いながら、すみずみまでできればもちろんいいけど、とにかく気づく限りの埃を取りまくる。

その後、今度はウェットタイプのフローリング用シートを何枚か使って仕上げる。濡《ぬ》れているのが気になるようなら、もう一度乾拭き。そんなに時間はかからない。たぶん、30分もあれば大丈夫。

ふと見ると、タンスの上とかパソコンデスクの裏とかにも埃がある。コレはハンディタイプの埃取りグッズでちょこちょこっと拭いただけでもキレイになる。

もう読んでしまった雑誌や、新聞。これらもまとめたりするとすっきりして、なんだか気分が良くなる。

もし、自分に余裕があるのなら、タンスの引き出しや、クロゼットの中を覗《のぞ》いてみよう。もう3年着ていない服は、たぶん一生着ないから、何か処分の方法を考える。欲しいと言ってくれる友達がいたらあげてもいいし、フリーマーケットをやってる知り合いがいたら、一緒に出品させてもらうのもいい。寄付する、というワザもある。

そんな風に整理すると、これまたちょっとすっきりする。

できたら、でいいんだけどね。

できるところまででよいのです。

大々的に掃除する、となると躊躇《ちゅうちょ》するモノ。たくさん雑巾を用意したりとか大変なことになったりもするので、室内が絨毯《じゅうたん》の人は、ころころさせてゴミを取るヤツとか、ちょっとだけならガムテープでペタペタと取ったりとか。

そんなちょっとしたことでも、結構キレイになって気持ち良い。

窓1枚だけ拭いてみるとかもおすすめ。

台所だけ、とか、お風呂場だけ、とか。

1カ所だけのお掃除でもヨシ。

とりあえず、さっきお風呂場掃除をしたら、なんとなく気持ち良くなった。ついでなので、洗面所もちょっと掃除してみた。

そして、ちょっとだけ洗濯して干してみた。なんだか、いいカンジ♪
ちょっとだけお掃除してみよう。
きっとちょっといい気分になれるよ。

POINT 15
やりはじめるとけっこう楽しい。

Column 7

ちょっとの片づけで、気分すっきり

＊CDってまとめないで、なんとなく積み重ねたりしがち。ちょっとだけ手間をかけて、ちゃんと立てておく。それだけで充分片づく。

＊本。同じサイズに並べ替える。すっきりする。

＊まだいるかも、見るかもしれない、と思ってる雑誌。たぶん見ないから、全部まとめて捨てる。どうしてもいるかもしれない、という情報部分は切り抜いてファイル。

＊洗面台は日々使うから汚れがち。最近は水垢《みずあか》落とし用のスポンジを売ってます。コレが思ったより簡単に水垢をどんどん落としてくれるので、便利。そしてあっという間にキレイな洗面台。台所でも使えるよ。

＊トイレ掃除にお風呂掃除。大変そうだけど、簡単。トイレはトイレ用のおそうじシートで簡単に時々、拭き掃除。お風呂は上がる時に雑巾で水気を取っておくと翌日もキレイ。本格的にやろうとすると大変だから、簡単に。

＊細かい雑貨系ってたまるよねー。でも、なんとなく捨てられない。そんな場合はなんでもいいから箱に入れてしまう。引き出しでも可。まとめてしまうだけでも結構イケる。

靴を磨くと
足元が軽くなる

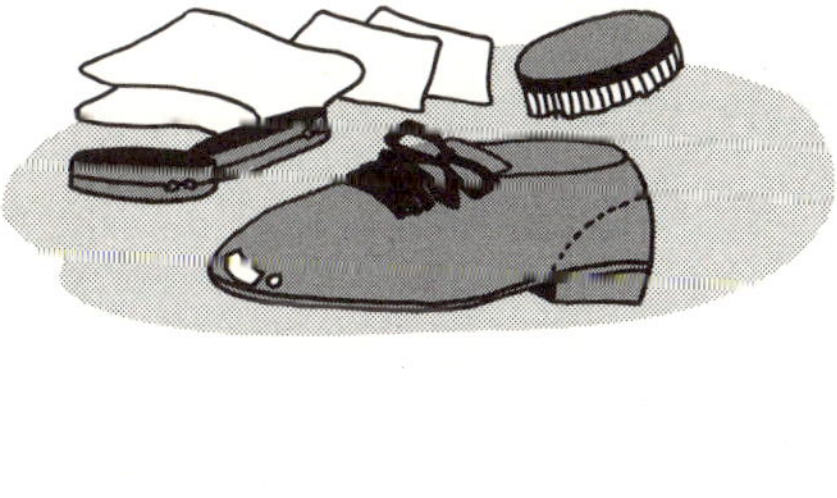

いろんな靴がありますな。靴はかなり好きなので、いろんな靴を持ってる。カジュアルな靴、きちんとした時に履く靴、ブーツも。

そんなに本格的な磨き方は知らないが、まずは軽く汚れを落とす。

柔らかめのブラシで汚れを落とすのもいいし、着古したTシャツを小さく切ったモノを使い捨てる感覚で拭くのもヨシ。

何種類かの靴墨とか靴クリームとか、光沢を出すためのポリッシュとか、スエード用の汚れ落としスプレーとか。そのくらいは必要。どこにでも売っているので、ちょっと揃えておくと便利。

靴によってはミンクオイル、なんていうのもききます。雨の日にも強くなるしね。

本当は靴を履いて外に出かけて、帰って来たらすぐにちょっと拭いておくと良いのです。

さて、さっそく磨こう。

玄関に新聞紙を敷いておくと、玄関が汚れずに済むのでおすすめ。

汚れのヒドイ靴は軽く水拭きをして、汚れを取り、しばし乾かしておく。

それほど汚れていない場合は、もうさっそく靴クリームを塗って。

何足か並べて次々に流れ作業でやると良い。最初に靴クリームを塗った靴を布で拭く。それだけで光沢は多少出るのだけれど、そこからまた靴墨やポリッシュを使うことでさらにぴかぴか。

もともと光沢のない靴でも、かなり美しく仕上がります。

でも、雑なやり方はダメ。

細かい所の汚れまできちんと取って。すみずみまで手入れする。

こうすることで靴は長もちもするし、キレイな靴が並んでいるゲタ箱や玄関って、なんだかうれしい。

できれば靴の型が崩れないよう、シューキーパーを入れておく。きちんと磨いた靴にシューキーパーを入れて、ゲタ箱にしまう。

スニーカーも靴用のブラシで埃くらいは落としておこう。

汚れた布を新聞紙で丸めて一緒に捨ててしまえば玄関もキレイなまま。

ピカピカになった靴たちを見ていると、なんとなくうれしそうに見えて、こちらもうれしくなります。

今日も磨いた。

1足だけだけど。

雨の日にもよく履く靴なので、雨よけのスプレーをかけて、さらに磨いてみたら、なんだかさらにピカピカになって、とてもキレイになった。
なんとなく、すっきりして、せっかくだからちょっと靴墨がついてしまった長袖の
Tシャツを洗濯することにした。
今日は安心して眠れる気がする。
すっきりと。

POINT 16 楽しいと思う範囲でやろう。

Chapter 3

ちょっとだけ自分を変えたい気分の時に

明るく行きたい。そう思ったら、動いてみるのが一番。それも、今までやったことのないこととか、見たことのないモノとか、触ったことのないモノ。今まで経験したことのないことをやってみるのがいいと思う。

変化をつけるって、とても難しいことだ。

いつもやってるわかってることをやる方が安心。だけど、それじゃ変われない。

ちょっとだけでいいからいつもと違うことをやるようにする。

ちょっとした変化をつけるだけで、人は簡単に変われたりするのだ。

気分転換、という言葉がある。

実は気分を変えるだけで、何もかもが変わってしまうことだってあるのだ。

変化を怖がらないこと。

変化は面白いのだ。

たとえば万華鏡を覗いた時のように。

万華鏡が美しいのは、変化するからなんだな。動くということは変化する、ということ。

それが一緒のことなんだ、って納得できたらスムーズに変化していけるのではないかな。

フツーで当たり前のことを変えてみる

普段やっていること。いっぱいあるよね。フツーに当たり前にしてること。

ソレを変えてみる。

フツーにしてることって、習慣化してることが多いと思う。服を選ぶ時、同じようなタイプの服を選ぶか、流行に乗って、流行の服を買うか、なんとなく無難なのか、それともいつも冒険的なのか。

いつも冒険的な人、ってのも冒険ばかりしている、というのが習慣化しているワケで。

服の選び方1つでも、なるべく目立つモノ、または自分が好きなモノだけ、とか。

そのあたりから始めてみる。

ちょっと変えてみる。

髪形でもいい。靴でもいい。いつも同じようなカンジで貫き通すというのもなかなか素晴らしいことだとは思うんだけど、変化をつけるには「変える」しかないでしょう。

当たり前のことなんだけど、なかなかできないことだったりする。

そのあたりをちょっとずつでいいから変えてみる。最終的には元に戻しても全然ＯＫなので、一瞬とか、イメージチェンジ?って言われるよーなことをわざと意味なくしてみると、案外全体的にふと、変わったりする。

別に変えたくないし、と思っていることでも、ちょっと変えてみると、何か他のところ（精神面とか）が変わったりして、結果的によかったなあ、と思ったりする。

つい先日、仕事だったのだけど、ヘアスタイルを変えることになってやってみたら、案外よかったりして、服も普段と違うモノを着ることができたりして、気分もだいぶ変わったのでした。

当たり前のことを変えることでだいぶ変わったりするもんだ、と自分でも思った。

つい先日、台所と洗面所のマットにバスマットを買った。タオルで吸い取りやすいのをずっと使っていたのだけど、ソレがかなり古くなっちゃったので買い換えてみた。

いつもだと、シンプルに一色だけのモノを選ぶのだけど、今回は模様の入っているちょっと厚手のマットにしてみた。ベージュにクリアなピンクや黄色で柄が入っているのとか、いろんな色のティアドロップの形がマットに織り込まれているのとか。

なんとなく洗面所や台所が明るくなったような気がする。

昔から「絶対にシンプルイズベスト」と決めてて部屋の中のほとんどが割と無地な

んだけども、楽しい柄にするとなんとなく楽しい気分になるものなんだなあ、と今頃気づいた。

当然服だってそうで。基本的にはシンプルなデザインが好きなんだけど、普段着ないような服を着てみたら、案外いいじゃん♪とほめられたり。

小さな変化で、すっごく変わることもあるから。ちょっとだけ変えてみる。

これはおすすめ。

POINT 17

ヘアスタイルからでも服からでも身のまわりから。

いつもと違う
音楽を聴こう

音楽ってマジで本当に当たり前のことなんだが、好きなモノしか聴かないよね。まあ、たまに人に誘われて行ったコンサートが全然好みとは違うタイプの曲ばかり、ということはあるにしても。もらったMDに入ってる曲がその人の好みで構成されていて、全然自分の好みとは違う、と思ったり。

でも、そーいうのが面白い。

普段ラジオばかりつけていて、自分で選んだ曲をかけることが最近はあまりない。でも、以前は自分の好きな曲ばかりかけていた。それも1曲をエンドレスでリピートにしてたりして、ずっと一晩中同じ曲を聴いていたりした。まあ、今でもたまによほどのお気に入りがあるとやるんだけど。

やったことのない人はやってみると良い。

ついでに言うと、同じ曲をずっとかけていると、同じテンションでずっといられるので、できれば読書などをするとか、とても淡々とした作業をすると良い。とても深入りできます。

さて、いつも同じような曲ばかりを聴いてしまう、という人は今度は全然違うタイプの曲を聴いてみよう。

落ち着いた曲が好きだ、という人は、ちょっとうるさいかも、なくらいなカンジの。うるさいのばっかり聴いてる人は、本当に静かで、シーン……となってしまうような曲とか。

しみじみしたい時、とかではない。

派手に行きたい時でもなく、普段の時にやってみる。当たり前に過ごしていて、特に普段と変化がない、という時にこそやるのである。

わざとやる、というところが大切。

ネットで検索して、いろんな曲を試聴してみるのも可。

いろんなアーティストの公式サイトなどを巡ってみるのもヨシ。

普段聴かないタイプの曲を作ってるアーティストのサイトで試聴なんかしてみると、わー、なんかすごく違うカンジー、とか思って、新鮮な気分になれたりする。

普段とは違う気分になれることは間違いない。

かなり長い間「ライブ」というモノに縁がなく（というか、人が大勢いるところが苦手で避けていた）最近ちょこちょこ誘ってもらえるようになって、久々にライブに行ってみたら。どかーん！　ばーん！と音が大きいのもさることながら、燃えまくるアーティスト、熱狂するお客さん。しばらく離れていたので、驚いたが。

昔は自分も「熱狂するお客さん」だったのだが、最近は何気なく冷静に聴いていたりする。そして、そこに「こういう意味だったのか！」というのを見つけたりした。

なんとなく、昔の曲が新しく聞こえた。

POINT 18

音楽は新鮮さの宝庫だ！

自宅でめいっぱいロードショー

ＤＶＤを自宅で観る、というのが好きだ。完全に外と切り離されたカンジが、なんとなく異世界に行ったような感覚で、微妙にズレてる感が気持ちいい。

映画って最近はまた映画館がいっぱいになるほど、みんなが映画を観に行くようになってよかったなあ、と思う反面、自分は混んでいる映画館がまったく好きではないため、なかなか行かなくなっている。

そんなワケで、ロードショームービーをオンタイムで観る、ということはできないのだけれど、ＤＶＤが発売されるのも早いので、それほどのタイムラグはないような気がする。

最近はＤＶＤを自宅で、それも寝る前に布団の中で見るのだ。もし寝てしまっても別にいい。思い出したところから、また観直せばいいだけだから。

小さな液晶画面がついたＤＶＤプレーヤー（当然テレビに接続も可なのだが）を持ち込んで、好きな飲み物を枕もとに置いて、布団に入る。

おまけにヘッドホンである。

かなり大きな、音ものすごく良く聞こえるヤツで、完全に耳を覆ってしまう。

外の音は聞こえない。

電話が鳴ろうがわからない。

完全に集中できる。これはいい。

そして観る映画は、といえば、爆裂モノ。爆走モノ。とにかく爆音モノがいいのだ。スカッとする。

もちろんしみじみとした映画もいいのだが、それはまたそういう気分の時にしみじみと観ればいい。

スカッとしたかったらヒーローもの。爆裂シーンがあるのがいい。そして、大メジャーなロングラン公開されたようなロードショームービーがいい。派手なモノがいい。

さて。ヒーローというのは孤独なモノだ。そんなことは大昔のタイガーマスクの時代からわかっていることなのだが、今の時代でもそうなのだ。

ヒーローも悪役も、親玉というのは孤独である。

そこがまたいい。

どうせ、フィクションの世界だし、と思ってはいけない。案外似たようなことが現実に繰り広げられているモノだ。

映画のような体験をしたことのある人も多かろう。

現実にできるのである。

観たことそのままは無理だとしても、そこから元気や勇気、やる気ももらえたりする。

もしかしたら自分にもできるかもしれない、というカンジ。

何度も同じ映画を観たりもする。

そのたびに違う感動があったりして、ソレにまた感動する。

そのたびに自分の中に、何かのエッセンスが吸収された気がする。

たくさんの映画を大事に観たい。

どんな映画にもたくさんのメッセージが隠れていて、自分にピッタリのメッセージが見つかった時には、まるで自分のための映画だ、と思ったりする。幻想でもいい。ソレが現実なのだ。幻想に見える現実。

時間がなくても映画を観る時間をなるべく作ろうと思っている。なるべくなら途中で寝ないよう、ゆっくり睡眠を取れた日に観たいけれどね。

POINT 19 自分の部屋に別世界が広がる。

Column 8

お気に入りの映画

＊お薦め映画——海モノ（かなり広い範囲で書いてあります。DVDになってないのもある）

・「グラン・ブルー」（モデルとなった現実の主人公はもういない……！ジャック・マイヨール）
・「スプラッシュ」（人魚モノ。泣ける）
・「イルカの日」（ものすごく古い映画。イルカが……ううう）
・「リバイアサン」（海系ホラーだけどよくできている）
・「アビス」（号泣）
・「タイタニック」（言わずと知れた……でもやられた……）
・「ウォーターワールド」（今やユニバーサルスタジオにもあるし）

＊その他のお薦め映画——古いシリーズ

・「スティング」（逆転逆転。また逆転。ちょっと大変だけど、すごく楽しい）
・「大脱走」（スカッとするけど、悲しくもある……）
・「十戒」（CGじゃないなんて信じられない世界）
・「ドミノ・ターゲット」（ジーン・ハックマンの出る映画って、大半が当たり。）

これはぜひDVDが欲しい)
・「ワイルド・ギース」(じーさまががんばる映画。号泣です)
・「シャーキーズ・マシーン」(バート・レイノルズ。昔は大バカさん映画の主演ばかりしてたが、コレはシリアス。ラブですよ、ラブ……)
・「ダーティハリー」シリーズ(クリント・イーストウッド。今やじーさまですが、かっこよかった)
・「ジョー・ブラックをよろしく」(ブラッド・ピット。何度見ても号泣)
・「X-MEN1・2・3」(異端の者の辛さが伝わってきて、何気に泣けるのはなぜ?)
・「ブレイド」(吸血鬼なんだけど……必死にがんばるところがなんとも……痛い)
・「M-I-2」(ミッション:インポッシブル2。最初の指令がサングラスだ、っつーとこでもうやられました)
・「チャーリーズ・エンジェル」(説明はいらないっすね。もー、かわいくて元気で最高です)
・「カウボーイビバップ　天国の扉」(日本のアニメです。この1本でわしは昨年1年を夢中で生きられた!)

・「小説家を見つけたら」（ショーン・コネリー。もう……泣く）
・「スペースカウボーイ」（クリント・イーストウッド。じーさまになってからの。じーさま頑張り系映画。宇宙。ラストはもう、号泣してどーにもなりませんでした）
・「踊る大捜査線　THE MOVIE」（説明するまでもないですが、いかりや長介が最高です）
・「マッドマックス1・2」（かっこよすぎだ！　メル・ギブソン！　でも3はもうワケわかりません）

それと、作品があんまり手に入らないので困っているのだけど、アメリカのコメディ俳優の「ジェリー・ルイス」という人をご存じだろうか。

ロバート・デ・ニーロの「キング・オブ・コメディ」という映画を観ると、すっかり年老いたジェリー・ルイスに会えるのだが、そうでなく。

若い頃のお笑いのおバカ映画はもう、ものすごい。シンプルもいいとこなんだが、なんでそんなにおバカなの???ってくらいのおバカっぷり。

ジム・キャリーのおバカ映画を思い出してもらうと、かなり近いかな。もっとも、ジェリー・ルイスという人がいたから、今のアメリカのお笑い映画があるのかも（映画評論家じゃないので、ウソかもしれません……すみません……）。もし見つけることができたらぜひ！　ですが、好みがあるので苦手な人もいるかも〜。

他にもいくらでもあるんだけど、こんなカンジかな。趣味がバレバレ……。

目的なし、目標なしの町歩き

はっきり言って、普段は滅多に出歩かない。地元のスーパー（徒歩数分）にすら行かない。

でも、出かけるとなったら一気に出る、という性格なのだが、無理に出かけてみることって必要。

たとえば、ちょっと元気がなくなってるなあ、っていう時。

1日なんの目的もなく、歩き回ってみる。何も考えず、どこでもいい、近所でもいい。出歩く。

入りたい店を見つけたら入る。ソレは靴屋でもいい、服屋でもいい、文房具を置いている店でもいい。

何でもいいから、とにかくうろうろするのだ。何も考えず。

ウィンドウショッピング、でもない。欲しかったら買ってもいい。そんなことは目的ではないから、買わなくてもいい。

元気がない時はやはり混んでいるところよりは、静かで人気《ひとけ》が少ないところが気持ちよい。それはどこにでもあるのだ。

都会は人が多い、と思われがちだが、そんなことはない。平日の朝、大きな公園へ行くと、多少ジョギングの人とか、犬の散歩の人はいるけど、シーンとしてる。とにかく空いているのがいい。

誰とも一緒に行かないで、一人で、というのがいい。

ベンチでも芝生でもいいから座って、太陽にあたりながらボーッと早朝のひと時を過ごす。これは大変気持ちヨイ。

雨の日もまたいい。

暑くなければレインコートを着て、傘をさしててくてく歩く。急がなくていい。

世にはいろんなモノがある。

海外に旅をして、まったく違う文化に触れることで感動することというのは多々あるのだが、日本の都会でもスゴイのだ。都会じゃなくてもスゴイのだ。

たとえばスーパーの棚の商品を1個ずつ見るだけでもスゴイのだ。こんなモノがこの世にはあるのか！と感動し感心する。逆に、どーよ、このおバカさ加減は、とあきれるモノも売っていたりするのだが。

いろんなことを思いながら、うろうろする。

本屋にも行く。ＣＤ屋にも行く。

目的がないのだから、店はなんでもいいのだ。くたびれたら適当な喫茶店に入る。できれば紅茶のおいしい店がいいのだが、なかなかないので、とりあえずコーヒーのおいしい店でもいい。

おいしかったのでもう1杯、でもいい。すぐに出るのでもいい。

何も決めず、何も考えず、ただ出歩く。

目的はなし。目標もなし。

歩いているうちに、何か、自分にとても必要な何かを見つけることができたら、それは幸せなことだ。期待せず、歩いてみよう。

POINT 20 この世にはいろんなモノがあることに感動。

難しい本に
挑戦するのだ

知らないことというのはこの世にたくさんある。はっきり言って、何も知らない、と言った方がいいかもしれない、というくらい物事を知らない。

テレビでやっている番組も知らない。

世の中で何が流行《はや》っているのかも知らない。

流行の食べ物も知らない。

世の中の流れとか、本当に何も知らない。

とりあえず知っているのは、今の天気。窓の外を見ればわかるので。

携帯の充電がそろそろ切れつつあること。

さっきお昼を食べたので、とりあえず食欲が満たされている、ということ。それは知っている、ということのうちに入るのかどうかは知らないが。

そんな風に暮らしていると、ふと不安になる。こんなにモノを知らなくていいのだろうか???

いーや、良くない。とわしは思う。

なので、そういう時には難しい本を読もう、と思うのである。

よく考えたら、小学生や中学生の頃もそうで、読みやすい本（マンガでもなんでも可）ばかりを読んでしまう。

そんな自分にふと疑問を持つ時期が来る。

これでいいのか？

こんな読みやすいモノだけを読んでいていいのか???

いーや、良くない。

もっと自分がわからない本を読むのだ。

そんなワケで、最近は東洋思想の本などを読んだりしている。「子《し》曰《のたまわ》く」で始まる『論語』というヤツである。漢文の授業の時にちっとくらいは触ったことがあったりするハズである。

これを現代語訳してある文庫本なんてのは、もう本当にイヤ!!というほどある。

薄い本なので、すぐ読める。

読めるのだが、意味がわからない。

果たしていったい、何が言いたいのか？

ソレはきっと、東洋思想とか歴史とかいったヤツを一生懸命勉強しないとアカンのかもしれん。

でもいいのだ。

わからんでもいいから、難しそうな本を選んで読む。

眠くなって寝てしまっても可。

それでも読む。

そのうち、なんとなーく、こんなカンジかなあ、ってのがわかったようなわからないようなカンジがしてくるモノである。

さらに何度も読んでみる。

大事かもしれない言葉がわかってくる。

はー、なるほど、となった頃、また、普段読んでいる本や雑誌を読んでみると、違う見え方になる。コレはこーいうことをあらわしていたのか、と。

難しい本を読むと、当たり前に見ていたモノが新しいモノに見えて来る。

なかなか面白い。

POINT 21 当たり前のものが違って見えてくる。

Column 9

難しいが面白い本

＊『古事記』（現代語訳されてないヤツ）言葉をひとつひとつ拾って一生懸命考えてると、結局意味がわからなくなったりして、また戻ったりして。エンドレス。

＊『孔子』

＊『老子』

＊『カオスと偶然の数学』（アイヴァース・ピーターソン著　白揚社）カオス関係の本って、数式が出ちゃうとワケわからんのだが、宇宙とつながってて結構おもろい。

＊『四大文明　中国』（鶴間和幸編著　日本放送出版協会）

＊陰陽《いんよう》五行《ごぎょう》関係の本。陰陽道《おんみょうどう》とは別。中国の考え方。

＊『臨済録《りんざいろく》』禅関係の本だったらなんでもいいんだけど、なぜだ？と考え始める

とまったく理解不能になります。直感がヨシ。

このくらい読んでみると、もうワケわからなくなるので、充分楽しいです。

海でも山でも穴でも
アウトドア！

アウトドアというのは、最近はもう誰でもやること、になっていて、そう目新しいことでもないのだが、外でずっと暮らしてみる、というのはかなり「当たり前」に変化をつけることができる。

でも、そのアウトドア。山に行く人は山ばかり、ということが多い。海に行く人は海ばかり。そーではなくて。

山へ行きがちな人は海へ、海へ行きがちな人は山へ。元々どっちも行く！って人はそんなに遠くない川で釣りでもしてみよう。釣れるかどうかは、がんばってみてください。

●海へ！

登山なんて、実は興味がなかった。わしはもう絶対に海の人、とか思っていた。ちなみにわしは海で何をするかと言ったら、潜るんだけどね。スキューバダイビング。

わしはずっと昔から海が好きだった。でも、沖縄へ行っても、浅いところで素潜りするのがせいぜいだったのね。

でも、23歳の時、沖縄へライセンスを取りに行こう！と決心しました。海の生き物が好きで図鑑を見まくり、海は元々大好きで。コレはもうダイビングしかないでしょう、って思ったのだ。で、ライセンスを取りに沖縄へ。もちろん勉強も試験もあるのだけど、練習するのも白い砂の青い海。

極彩色の魚たちが寄って来たりする中で、本当に至福の時を過ごしながらライセンスを取得したのでありました。

その後、ハマりにハマって、しょっちゅう沖縄へ行っていたけど、最近はなかなかマメに行けず、さらに、時間を作って必死で行ったにもかかわらず台風直撃とかで、どーもイマイチスカッとキレイな青い海に会えてない。

今年はビシバシ行こうかと思ってる。

●山へ！

話は変わるが、ある日突然思った時があった。登山をしよう、と。本当に突然思ったのである。

だが、登山と言っても、ど素人なワケで。どうするよ、と思って。やっぱり富士山でしょう、と思って。真夏だったらそんなに大変じゃないだろう、山小屋で1泊して翌日山頂まで行って、下山したらまたホテルで1泊して帰れば富士山の麓《ふもと》までの運転も安心だし。

てなワケで山小屋の予約も入れ、後は当日登るだけ、翌日下りるだけ、というシンプルなこと。ゆっくり行けばきっと大丈夫♪　なんつって行ったらなんと台風が近づいているという。どーする？　やめる？　いや、でも目の前に山があったら登らねば！

(何事もそんな風だけど)

登りましたよ。暴風雨の中。7合目半のとこにある山小屋に着いて、ゴハン食べて、ゆっくりのんびりして、寝て、朝方日の出の時に外に出たら、もう、本当に幻想的な風景！

嵐の後だから雲がすごいの！　なんつーのか、色も形もすごく複雑で。

その中から太陽が昇ってくるのだ！　ものすごく感動しました。

山小屋の主人が「コレは嵐の後でないと見られないんだよ」と自慢してたくらいだもの。

すっかり心が洗われた、というカンジ。

でも、結局その後天気は崩れて、暴風雨は続くのだった。そのまま登頂して、よぼよぼになりながら下りてきた。下までおりたらどピーカン。人生とはそういうモノだわね、などと独り言を言ってしまったけど。

それが今から数年前。

その後、毎年ひとつ、山を登ろうと思っていて、昨年は白山《はくさん》という金沢の方にある山を登った。コレがまたすごかった。

真夏なのに、ものすごく寒いのである。最初は暑かったのだけれど、太陽は出ているのにどんどん気温が下がるのである。ソレも尋常ではないくらい下がったのである。しょっちゅう登っている、というおっちゃんがおって、そのおっちゃんの話でも、この真夏にこの気温は未だかつてない！ということであった。

実際持って行った装備では足りないくらい寒くて山小屋の中で毛布山盛り敷いて、頭からかぶっても凍える始末。

翌日は晴れ。そうすると今度は暑くて大汗、という、なんだったのだろう、な登山であったのである。でも、山頂ではすばらしい風景が広がっていて、最高だったのですけどね。

そして今年は穂高《ほたか》だ、と決めてはあるのだが、すでにガイドブックも買ってたりして、見てみたのだが。

強力である。

富士山も白山も強力だったが、穂高連峰は本当に強力なようである。

考えてみれば、エベレスト登山などをする本格的な登山家が練習用に登る山である。

わしが登ったら大変な思いをするのはわかっているのである。さらに、どうやら仕事がらみで穂高に行くことは決定らしい（2度行くのだろうか、わし）。が。

やはり山にも行ってよかったなあ、と思うことがたくさんあるのであった。

そして、秋にはのんびりと海へ。

もちろん沖縄。

でも、最近はテレビをぼーっと見ていると、世界にはこんなにスゴイところがあるのか！とハッとするシーンがあったりするので海外にも目が行くようになった。

ヒマラヤにも行ってみたいし、イグアスの滝にも行ってみたい。そもそもナイアガラの滝にも行ってないのに（大観光地）すぐにイグアスの滝を目指すのは、やっぱり自然の中にあって、なかなか行けないところだからなのだろうか。そういう秘境っぽいところがやっぱりヨイ。

無茶は承知だけど、エベレストにも登ってみたいぞ。

●きっかけは……

って自分の勝手な希望ばかりになってしまったが、こういうことも昔は全然考えないタイプの人間でありました。

アウトドアなんて全然できず。

でも、20代からだんだんやるようになった。元々は多分、洞窟《どうくつ》探検で盛り上がったというのが大きな理由かも。

洞窟探検。それは富士山の周りにあるたくさんの火山洞窟にヘッドライトつけてガンガン入る、というモノである。もちろん許可は取って（各地に鍾乳洞《しょうにゅうどう》もあるけど、やっぱり富士山でしょう）。最終的には「日本火山洞窟協会」の会員になって測量までやっちゃったりしてたんだけど。今はなかなか行けないけどね、洞窟。さらに、たまたま仕事関係でいろいろやってるうちにできるようになっちまった、というのもあるんだけど、やってるうちにだんだん楽しくなっちゃったのよ。

若いうちにやってて、年をくったらやめていく人が多い中、逆を行く。

海の中の青、山から見た空の青。洞窟の中でライトを消すと本当の闇《やみ》が訪れる。

大自然ってスゴイ。

太陽の暖かさ、雨に洗われた木々の美しさ、晴れた空のすがすがしさ。いつも当たり前にあるモノなのに、忘れている。

そんなことを思い出させてくれる。
地球に生まれてきたことに感謝するよ。

POINT 22

これは、もー思いっきり変われる。

Column 10
初心者のためのアウトドア案内

＊シュノーケリングがとりあえずはベストでしょう。海はダイビング、と考えがちだけど、体験ダイブをする前に、まずはシュノーケリングをしてみよう。簡単だし。マスク（水中メガネのこと）とシュノーケルそしてフィン（足ひれです）。この俗に3点セットと海の世界では呼ばれているモノを持ってれば、たいがいの海は簡単に楽しめます。でも、陸が見えないほど沖には行かないように。さらに陽射しが強いところでは、Tシャツを着て泳ぐくらいがいい。でないと背中が日焼けしてヒドイメに遭う。それからくれぐれも荒れている海には入らないように。泳ぎに自信があっても、大自然はものすごいので（溺《おぼ》れかけたことがあるわしでした）。

＊海に入るのが自信ない、って人は、ビーチであっちこっち掘り返してみると、いろんなモノが出て来て面白いぞ。貝殻や生きてるカニとかね。沖縄ではヤドカリがいっぱいいたりするので、それを集めてみるのもヨシ。でも、ちゃんと逃がそうねー（海の生き物は持って帰ってもちゃんと飼える確率が低い）。

＊時季によっては潮干狩り。大潮の干潮の時がいいのだが時季が当たりでないと

なかなか難しいので、有料の潮干狩り場（養殖したアサリをまいてるから、夏前くらいまではわりといつでもいる）で掘りまくる。山ほどのアサリがとれます。気を失うほど燃える。

＊登山というとちょっと大げさっぽくなるので、トレッキング、とかハイキング、くらいがいいかも。あんまり高くない山にほいほいっと行って、ほいほいっと登るだけ。海と同様、天候には要注意。できれば大変晴れている時が気持ちいいしね。

＊最近はオートキャンプ場があるので、キャンプも簡単にできる。たいした道具はいらない。電気もあったり、風呂までついてたりする。いるのは食材とテントくらいか。バーベキューの道具ってたいがい貸し出してくれるので。山でキャンプをするのは、アウトドアで暮らすのに慣れてから。

暗闇は
贅沢な空間

わしは洞窟が好きだ。

暗い狭いところ、というのは苦手な人も多かろう。だけれども、わしは好きだ。

鍾乳洞と火山洞窟というのは全然違うでき方をした洞窟である、とかそういうマニアックな話はいいとして、なんだかとてもホッとするのだ。

なぜなのだろう。

鍾乳洞は水の1滴1滴が作った、湿気の多い洞窟。

火山洞窟はわりと乾いた洞窟（もちろん水はあるが、鍾乳洞のように地下に川があるとか、湖があるとかいうのは少ない）。

当然ながら、密閉空間、である。もちろん空気はあるし、通ってはいるのだけれど、真っ暗。観光洞窟ではライトはついているが、それにしても、本当に暗いのが苦手な人は足元にライトが必要なくらい、真っ暗、というところが結構多い。

有名なところは完全に観光地になっているため、案外明るいのだが、有名ではない洞窟、というのは、勝手に入ってもいいのだが、とにかく暗い。

本当に洞窟探検をしていた時もあるので、慣れていると言えば慣れているわしであるが、たまに観光で（または仕事で）洞窟へ行くと、なんだか本当にホッとする。

空気はある。

そして、電気を消すと、真の闇がそこに現われる。

地上にいると、なんらかの灯りがある。

月の光、星の光、建物の窓には灯りがあって、たまに寝静まった住宅街で「暗いなあ」と思っても、足元が見えないほど暗くはない。

だが。

洞窟の中で、それも入り口からはかなり奥まったところでライトを消すと、それはもう本当に真っ暗なのである。

目の前に手をかざしていてもわからない。

そういうところへはもちろん許可を取って、ちゃんとプロの人々と行くのであるが、10人ほどで入ったハズが、電気を消して、静かに真っ暗な中で座っていると、誰もいないかのようである。

息遣いすら聞こえないよう、わざわざ少し距離を取って座っていると、本当にこの世には、今自分一人だけ、というカンジがするのである。

本当にそうだったら、一生そうだったらとてもコワイかもしれない。いや、慣れてしまって、そんなもんだ、と納得するかもしれないけれど、人は太陽の下に出ないと生きられないモノだ。植物のように光合成をするワケではないけれど、栄養を吸収するためにはやはり、太陽の光が必要だ。

だから、ずっとそこにはいられないけれど。

たまに「真の闇」の中にいると、ずっとこうしていたい、と思ったりする。

もしかすると、胎内にいた頃の記憶が残っているのかもしれない。もちろんその頃は母親の心臓の音が聞こえていただろうし、外の音ももしかしたら聞こえていたかもしれない。

音もなく、光もない。

自分が声を出さぬ限りは、自分が灯りを灯さない限りは真っ暗な、そんな空間は案外贅沢なモノなのかもしれない。

それも地球という惑星の産物。

地球は本当にスゴイ星だとつくづく思う。

POINT 23

暗闇って、コワイと思いがちだけど、安心できる時もあるんだよ。

ラジオって とても快適

テレビとラジオ。

昔テレビができた頃はテレビが一家に1台、なんてなかった。

今は、一家に数台、または一人暮らしなのにテレビ数台、という人もいるかもしれない。

何を隠そう、うちにも3台ある。

だが、ほとんど見ない。テレビよりラジオ派なのだ。

一日中、エンドレスでラジオをつけている。

たぶん東京近郊、またはスカパーを入れている人しか聴けないと思うが、J-WAVE。その局ばかりを一日中流している。とても快適なのだ。選曲も、番組もとても楽しい。

とある土曜日の夜、リビングで食事をしつつテレビをつけてみた。

バラエティ番組であった。

そーいや、この番組久しく見てなかったなあ、と思いつつ、ゴハンを食べながら見ていたら、かなり爆笑モノであった。

その後もその他のチャンネルに替えてみたりして、結局何時間もテレビばかり見てしまった。

たまに見るとテレビも面白い。

知り合いにやはりラジオ派がおって、その人もたまにテレビ見ると面白いねえ、と言っていた。

こういう人々はまあ、たぶん稀《まれ》であろう、ということにして、テレビ派の人。

ぜひラジオを聴いてみていただきたい。

何か事件があればすぐニュースになって教えてくれるし、渋滞情報までやってくれる。情報がとても速いのである。

当たり前のことだが音楽番組もある。気に入った曲はすぐにネット通販で買える（J-WAVEでは流した曲をすぐに買えるよう、サイトで通販もしているのだ）。

確かに、テレビのように映像で見せてもらうのは大変ありがたい。はっきり脳裏に焼きつくので、音と画像でくっきりと記憶に残るのだが、音だけ、というのもなかなかいいモノである。ほとんどすべてがネット通販のわしだけど、タイトルとアーティスト名を書きとめたメモを持ってCDを買いに行くのもなかなかナイスだ。そして、CDのジャケットを見て驚いたりする。こ、こんな人が歌っていた歌なのか……とてもキレイなバラードなのに、どう見ても、そこらのオヤジ風……。

なかなかスリリングであったりする。
そんなのはわしだけであろうか。

POINT 24

たまにラジオを聴くのも新鮮。

占いについては
こんな感じで

占い好きな人って多い。

いや、自分はそうでもないよ、という人でも、もし雑誌に星占いなどが載っていれば、とりあえず読んでしまったりしないだろうか。

朝、テレビでやる占いを必ず見てから出社する、という女性を知っている。

その女性は一緒に取材に出かけて、1泊する場合、翌朝真っ先にテレビをつける。そしてしばしすると星占いだったか、血液型占いだったかをやる。で、ソレを見て一喜一憂しているのである。

あほ、と言い切るにはあまりにも純粋。とても素直に信じていて、いっそ素晴らしい、と思う。

わしなんぞもものすごく若い頃はそうだった。星占いだのなんとか占いだのどーした占いだのの本を買って読んで、一喜一憂しておった。

だが、わしらの幼少時、その後中学高校くらいの頃までは、星占いなんてモノはメジャーではなかった。なので、同級生の祖母の趣味である、というところの『四柱推命学』などという本を盗み見ながら、みんなで必死で自分の人生を占ったりしたモノだが、今覚えているのは「老後は名物ババアになる」ということくらいである。

以前に友人と旅をした時、彼女が占ってもらおう！と必死に懇願するので、仕方なく占ってもらったことがあった。なぜ仕方なく、なのかと言えば、どーにも当たらないような気がしたからと、悩みがなかったからであった。

でも、その友人と共に順番に占ってもらったところ、わしは集団の中で生きる人なのだそうであった。一人では何もできず、今年は大変調子が悪いので、新しいことをしたらいけない、とか、そんなことを言われた。今から3年とか4年とか前である。

当たってないのである。

当たらなかったら、相談のしようもないのである。というか、もとより相談しようとも思ってなかったところがダメなんだが。

で。「いや、あの、集団の中って全然ダメなんですけど」とか「特に今、何も悩んでないんですけど」とか言ったら、その占い師（男）は灰皿とタバコを取り出して、すぱすぱやり出した。ああ、こらー、もう、ダメだなあ、と思ったので、ありがとうございました、と代金を払って外に出てしまった。

わしが何も悩んでない時だったんだから「あなたは何も悩んでないでしょう」ってのを当てて欲しかったなあ。

人に連れられて占ってもらいに行く、というのはダメなのだなあ、とやっと理解した。

その後悩んだり、考えたり、いろいろしてはいるけれど、占ってもらったことはない。占ってもらっても、結局道は自分で選ぶモノだから。人は自由だ。

POINT 25

あまりあてにしないよーに。

勉強は面白い

勉強らしい勉強、というのをしなくなって久しい。そもそも真剣にマジメに日々勉強していたコドモではなかったが。

まあ、学校に通っていた頃は試験や、宿題があって、だから勉強していた、ということもあったかな。

でも、そんな中でもすごく面白い！と思える学問に出合ったこともある。

ムラのある性格なので、ソレがずっと続くワケではなく、単にその学年の1学期だけだったりするのだけれど、今でも覚えているのが、高校1年の時の化学と高校2年の時の数学である。

別に、理数系の大学に進むために勉強していたワケでもなんでもない。なんたって高卒だし。

化学は、理解できるととても面白い。もちろん理数系でもなんでもないため、本気で本格的に学んでいたワケでもない。

けれど、面白かった。

化学の授業の日は電子計算機を持って行った。そして、一番前でとっとと計算してしまうんである。もちろん先生も見ている。そんなモノで計算しないで紙にちゃんと書いて計算しなさい、と言われたが、この方が速いのだ！と叫びつつ、夢中だった。

面白かった。

当然ながら、面白く勉強したことというのは大変よくアタマに入るモノで。

高校2年の数学にしてもそうである。何が面白かったのかはすっかり忘れたが、ゲーム感覚でハマったのである。

今はテストもなければ、勉強しなくていいなら、まったくしなくて済む大人だ。けれど、勉強というのは面白いモノ。何事もハマると本当に楽しいのだ。

数学や化学の勉強が楽しかったように、今もそんなハマれる学問があったら、たぶん、倒れても勉強するのだろうな。

思えば、小学校6年生の時、なりたいモノは「生物学者」であった。そら―もう、生き物全般（植物もね）好きだから。でも、生き物が好きなだけでは「生物学者」にはなれないのである、と冷静に悟ったので、目指しはしなかったのだけど。では、なぜ漫画家になったのだ?となると、絵を描くのも好きだったのでした。多趣味なのか、わし。

すっかり大人になった今、もし心置きなく勉強ができるとしたら、いったい何を勉強するのだろう。今からもう一度、生物学者を目指すんだろうか。いや、多分、勉強らしい勉強はしないだろう。いろいろなモノを見て、そこから何かを得るのだろう。それが大人の勉強というモノかもしれない。

ただ、あまりにも何もかも勉強である、と言ってしまうと、映画を観てても、撮ってる角度とか、どんな風に描きたいのか、とかそんなことばかり考えてしまうし、マンガや本を読んでも、ここはこういう表現で表わしているのか、なるほど、とかこれまた勉強になってしまうんだけどね。人生すべて勉強かもしれない。

POINT 26 何も学校の勉強だけが「勉強」ではない。

Column 11

これもまた「勉強」だ

＊テーマを決めて調べまくる。歴史なんてのが手間がかかっていいかもしれない。日本史、世界史。自然とかでもいい。動物の歴史とか。果てしない世界が待ってます。

＊ちょっと行動的に、カルチャーセンターなんぞに行く。源氏物語を勉強する会、とか、いろいろあって、スゴイ。

＊携帯電話、持ってる？ 使い方を全部熟知してる人ってほとんどいないハズ。いったい何ができるんだ？ 気になる。使い倒してどこまでできるのか掘り下げたい。

＊食べるモノの成分を調べる。何がどれだけ入っているのか、カロリーはどのくらいなのか。やっているうちに自然とバランスの取れた食生活の人になれるかも。

＊本屋さんで、小学生用の問題集を買う。そして、どんどんやる。学科は問わない。コレがなかなか面白い。案外できない問題があったりするのだ。小学生だ

から方程式使っちゃいけなかったりして、問題が解けない。ああ、バカだ……としみじみ思う。

＊日本語以外の言語がまったくできないので、ついにゲームで英語を始めたのだが「アルファベットが読める程度」などという評価を下されてしまい、へこんだ。へこんだが、また続けて行く（かもしれない……）。

ほんの小さな旅もいい

環境を変える、というのはなかなか難しいこと。今とは違うどこかへ引っ越そう、と思っても、先立つモノがなかったり（お金です）、引っ越したばかりだったり、いろんな理由で引っ越しってなかなかできんもんである。

更新ごとに引っ越す、という人がいる。スゴイなあ、と思う。わしはわりと居着いてしまうタイプなので、そういう人を大変尊敬してしまうのだ。

さて。わしのように動かない人の場合は、どうするか、そりゃー、違うところへ行ってみる、でしょう。つまりは旅。旅行。

日帰りだっていいし、何泊かしたっていい。普段行かない場所に電車でちょっと行ってみるのでもいい。

とにかく、行ったことのないところへ行く。

コレがテーマである。

先日、行ったことのないところへわざわざ行ってみた。何もない街であった。でも、何もない街でも、それなりにいろんなモノがあって、あ、こんなところにこんなモノが、などと、看板の1枚1枚をじっくり見てみたりして。

そんなの家の近所にもたくさんあるのだけれど、普段は当たり前になりすぎてて、通過してしまうのに。

本当に小さな街の小さな駅に降り立つと、すでにもう、違う次元に来ちゃったのかなあ、というくらい違う世界が広がってる。駅のそばに小さな店があって、なんでも売ってる。コンビニとは違う、ホントに小さな店。なんとなく入ってみて、なんとなくちょっと買い物をして、おばちゃんがおつりをくれて。

レジでレシートが出る、なんてのはない。

領収書を書いて、と言ってもこれまた大変だったりして。領収書が見つからないとか、ペンがないとか大騒ぎしてたりして。

いいカンジだ。

電車も全然違う。

2両編成や、1両で、ゆっくりゆっくり走って行く電車に乗ると、都会での喧騒《けんそう》や、ラッシュなど、すっかり忘れてしまう。

そのうちそんなことすらも忘れて、ただ外を見ているだけになって。

長年のクセでどうしてもどこかは冴えてるけど、一部分くらいはとても緩む、そんなカンジ。

なんだかホッとする、というか。

自分が幼少の頃、その当時は珍しく電車とバス通学をしていたからだろうか。その当時2両編成だったその電車も、今は10両編成になって、終点も遠くなってしまった。一人暮らしで引っ越して、その線に乗ることも滅多になくなってしまった。

古いモノが何もかもヨイか、というとそうでもなく、だからと言って新しいモノなら何でもヨイのか、というとそうでもなく。

新しい車両も快適にできていて、なかなかヨイ。

でもやっぱり、今でも2両編成で一生懸命走っているカンジのする電車を見るとつい乗りたくなる。そして、見ただけでも安心するのだ。

POINT 27 日帰りで知らない所へ行ってみよう。

Chapter 4

どうにも心寂しい気分の時に

人は一人であって、そして一人ではない。自分という人間は一人しかいないけれど、人という生物は地球上に60億人もいるのである。「自分」はその中にいる。

だから、一人である、というのも一人ではないというのもどちらも正しい。そんな風に考えると孤独なんてモノは実は幻想なのではないか、なんて思ったりもする。

でも、一人であって一人ではない、というために必要なモノは何か、というと、自分が一人できちんと立っているかどうか。

自立。

自分がしっかり立ってこそ、自分と他人とのつきあいができるんである。

だけど、そんな完璧な人なんていないから。

だから、人ってたくさんいるんじゃないかなあ、なんて思ったりもする。一人でやれることって限られている。だって、寿命だってあるし、一度にいくつものことなんてできないから。

一人もいい。

だけど、二人もいい。

大勢でもいい。

そんな自在な人間関係ができるようになれたらいいよね。

友達って何だろう?

友達ってどこまでを友達って言うんだろう？と幼少の頃考えたことがある。大人になってからは、たとえば、しょっちゅう会う人が友達、ゴハンを一緒に食べに行くのが友達、長電話するのが友達⁇ 疑問はありながらも、友達というモノについて考えたりしてみたが、あんまり有意義ではないな、と思ったので考えるのもやめてしまった。

「友達は多いですか？」という質問に、少ないとか、いないと答えるのは恥ずかしいような気がして、つい「たくさんいます」なんて言ってしまう人も多いのでは？

わしは、わりと人間が苦手でありました。幼少の頃から人づきあいが苦手であったのだが、どうも思わなかったので、そのまま育ってしまったのだけど、さすがに高校を卒業する頃になったら、このままではアカンのではないか？とふと思ったのでありました。

「友達を作ろう」と思ったのだけど、いきなり友達ができる、なんてことはほとんどない。何もしなかったらよけい出会いなんてないワケで。さらに今と違って出会い系サイトなんてのもないし、ネットもメールも携帯もない頃である。自分の行動に賭けるしかない。

よし！と決心をして、行った先がディスコ（20年以上前の話）であったのである。

大勢人が集まるところ。店によって客層が違ったから、自分に合いそうな店に行って、仲間を探すのである。これが実は当たりだった。

簡単に仲間ができてしまったのである。そりゃー、悪いヤツもおったけど、人間的にはいいヤツばかりで。その中で恋愛があったり、もめたり、いろいろあった。

わしらが若い頃のディスコなんて、悪者しかいなかったくらいだけど、その悪者時代の経験が案外よかった気がする。

その後、仕事が忙しくなり、ディスコには通わなくなり、人間関係も変わってしまったけど、それはそれで別にいいと思ってる。

長くつきあうのだけがいいワケじゃない。もちろん長いつきあいもいいけれど。まあ、そんなこんなで、40になって、昔の仲間にまぐれで会ったり、仕事関係で思わぬよい仲間ができたりしている。

わしは、友達、という範囲を決めないことにしている。知ってる人は全員友達でもあるし、知ってるだけの人でもある。広い意味では人間関係である、ということにしたら（本当なんだけどね）、そんなに一生懸命友達を探さなくても、人類はみな友達さ、くらいの感覚になれるんではないだろうか。そんな人づきあいをしているわしなのであった。

悩みがある時に話せる人こそ、友達。そういう相手がいないとツライ、という人も多い。だけど、そーかなあ。

案外悩んでる時って一人で悩んでるもんだ。

答えが出たら人に話す、ってのが多くないだろうか。

なんもツラくないと思うよ。話す相手がいなくても。一人で悩んで答えを出して。

その後誰かに言うなら言うでよし、言わないならそれでもよし。

そんなカンジじゃないかなあ、って思う。

POINT 28

自立しつつ、つきあっていこう。

Column 12

未知の人と出会うために

＊パーティーや何かの会など、人が集まりそうなところへ出かける。で、どんどん声をかける。

＊それはちょっと難しい、という場合、友達関係の飲み会に混ぜてもらったりするのもヨシ。

＊会社員でないならば、いろんな仕事をしてみる。バイトでもいい。各地でいろんな人に出会える。

＊あえて旅行のツアーに一人で入ってみる。知らない人がたくさん集まるので、結構面白い出会いもある。

＊会社の違う課の集まりに参加する。大きな会社でも、そうでなくても、結構人は集まるし、同じ会社なのにあまり話したことのない人がたくさんいることに驚くかも。

＊ネットで出会い系サイト、というのもある種のテではある。悪いところに引っかからないよう、自分で適宜制御して。

恋人を
見つけたい人は……

好きな人は過去にはたくさんいた。いや、今でもいるけど、昔ほど重視してないかな。

恋愛をしていない、彼氏がいないとマズイ、と思い込んで、恋愛依存症、みたいになったりした20代も実はあった。結果的になぜか一度に何人もとつきあったりとか。ちょっとめちゃくちゃだったかも。

でも、基本的には一人でいるのが好きである。

誰かと、一緒に住む、とかいうのはなかなかできないタチである。女性どうしで部屋をシェアする、とかいうのも難しい。

今も昔もそうである。

そんな風だから、なかなか長続きするいい関係を作ることができなくて。

ちょこちょこそれらしき関係はできたけど、めんどくさくなったり、もめたりして別れてしまった。

今はねえ。そーねえ。

誰かすっごくナイスな人と出会えたら、もしかしたらまともに恋愛するかもねえ、ってカンジでしょうか。

それどころではない!!　仕事だ仕事!!ってのもアリなんだけど、そーねえ。ま、望んでいれば出会いの方からやって来るもんじゃないかなって思う。

ただ、待ってるだけではもちろんダメですな。何か努力をしないとな。

恋人を見つけたい！という人は多い。

その理由はなんでしょうか？

考えてみると実は「恋人がいないと寂しい」という方程式にハマってしまっていたりするだけだったりする。

実はそんなに寂しくないんじゃない？

ほーら、寂しくないでしょー。

言われてみればそーだわ、って。

そんなもんだったりします。

でも、ホントに恋愛したくなる、って時もある。そういう時には、なるべく人に会うようにするとよいのよ。男女限らずいろんな人に。

そうやって広げていくうちに、なんとなくそういう道ができていったりするのだ。

どっちでもＯＫ。

幸せな恋愛をするのはそらー幸せだけど、興味がそんなにないのに、単に恋人がいないから寂しい、っていう方程式にハマらないように。ろくな恋愛できるワケないから。

いなくていい時はいなくていいのだ。
いるべき時はいた方がいいのだ。
それだけのことじゃないかな。

POINT 29

「恋人がいないと寂しい」はウソ。

Column 13

恋人と出会うために

＊友達の結婚式の2次会で見つける、っていうのはなかなか難しそうなので、あんまりおすすめしない。でも、まぐれもあるかも。

＊知り合いの彼氏の友達、とか知り合いの知り合いを紹介してもらってみる。当たり前のテだけど。

＊直球で結婚相談所ってのに行ってみる。結婚をゴールにしてる人が多いのかと思いきや、そうでもなかったりする（仕事だったけど、行ったことがあるので、これはホント）。

＊酒飲みだったら馴《な》染《じ》みの店で知り合うってのはアリ。

＊趣味があるなら、そのテのサークルっぽいモノに入って、ガンガン参加する。いろんな人に会えば、そのうち当たりも出るかもです。

＊とにかく知ってる限りの人に、恋人募集中、と言って回る。果報は寝て待てと

も言うので。案外使える。

＊心の底から本当に相手が欲しい、と念じる。もしかしたら、一生このままかも、という気持ちを一切持たない。ひとかけらも疑わなければ、間違いなく出会える（コレも自分で試したからホント）。

結婚はそりゃあ
いろいろあるよ

結婚って、どうしてするんだろう？

年齢的にそろそろ、という人、多いでしょ。

だけど、結婚って、どうしてするの？

それは相手が好きだから。一生一緒にいたいから。一緒に暮らしたいから。相手がいてこそ。そういうもんだ。

わしは結婚願望がなかった。だけど結婚したことがある。タイミングが合ったから、というのもあったけど、やっぱり好きだから。一緒に暮らしたいと思ったから。

でも、いろいろあって、結局は別れてしまった。それもまた仕方のないことだ。

決して悪かった、とは思ってない。いい経験したな、って思う。だって、楽しかったこともたくさんあったしねー。キツイことも結構あったけどねー。

毎朝誰かにゴハンを作るってのもなかなか楽しいもんだった。そして、帰って来る人がある、というのもなかなかいいもんだなあ、って思ったりもした。

でも、やっぱ、わしの場合は一人がよかったようで。今、一人で幸せです。

結婚をする、ということをゴールにする人が多いけど、違う。結婚というのはスタートラインに立つこと。そして生活。

同棲でも誰かと生活することに変わりはないんだけれどさ、婚姻届1枚のこととは言え、やっぱり結婚は違うような気がする。

なんつーか、一生添い遂げるのじゃ！　みたいな決心つーか。責任が重くなるつーか。大げさに言うと。

結婚を夢見て、現実は違った、という話を結構聞くけど、そりゃそうだ。だって、現実なんだもの。夢じゃないんだもの。

自分が誰かと一緒に生きるのよ。

生活をするのよ。

いろんなクセがあると思うのね、人って一人一人。自分の趣味と相手の趣味が合うとは限らないし。コーヒー党の相手と、紅茶派の自分、とか。

食べ物の細かい好みの差とか。

最近はセックスの話も結構聞くよねー。

すごくしたい人、したくない人。

したい人もしたくない人もどっちも正しいと思うけど、その二人が一緒にいたら、ちょっとツライかもしれない。

子供が欲しいとか欲しくないとか、それもある。ちょっと難しいところだな。わしはいらない派だったけど。

そういうことって全然考えずに結婚しちゃったけどさ、結婚生活上で本気で考えるとね、案外重い問題だったりするんだよ。

楽しくて、でも、めんどくさくて、でも、やっぱり楽しくて。そしてめんどくさい。

わしは結婚ってそういうもんだと思う。

年をとって、縁側でお茶を飲みながら、いろいろ話したり、どこか行ったり、ずっと部屋に二人でこもって映画観てたり、そんなすごく仲良しでいられるような結婚だったらもう1回したいかもね。

POINT 30

お互いの生活や考えの違いをどうするかがカギ。

親との関係
どう？

親元から離れられない、という人々、結構いますなあ。わしも、23歳までは実家におりました。なぜかというと、それはもうどーにも一人では暮らせないくらい貧乏だったからであります。とほほ。

当然家賃も出ない。交通費出したら小遣いがなくて、遊びにも行けない。はっきり言って貧乏であった。今から20年くらい前のお話なんだけどさ。

それはそれで仕方のないことだったが、その後、金銭的にもある程度どうにかなってきて、23歳の時、突然一人暮らしをしよう！と思い立って、近所の不動産屋へ行ってみたら、これまたタイムリーに新築のワンルームマンションが建設中で、来月には入れるとのこと。

そらー行くしかないでしょ、と、とっとと決めて、地元だったために親が近所にいるってんで不動産屋さんが大家さんにうまく話してくれたらしく、話はとんとん拍子に進んで行った。

問題は、親である。

そんなに頑固で箱入りにしておく、というような親ではないのだが、結構細かいルールがあったのだ。

高校を卒業するまでは、門限が6時だったり。でも、卒業したらいきなり朝帰りしても大丈夫だったり（極端だったよ、本当に）。

で、一人暮らしである。

決めちゃってから親に言ったもんで、そこからはもう、理詰めの世界が繰り広げられた。なんたって、感情的ではない。理詰め。

一応もう漫画家として暮らせるようにはなっていたので、一人暮らししたって問題ないと思ったんだが、親はどーもわしに対して幻想（嫁に行くまでは実家に、みたいな）を抱いていたようだ。

感情的になられると大変だが、理詰めであればラクである。淡々と理詰めの会話が為された。

なぜ一人暮らしをしなければならんのか。それは仕事柄、一人で考えたい時が多いからであり、スペースも欲しい（実家は団地で妹と同じ部屋であった。ちなみに6畳に二人）。なので、近所でもあることだし、許可してもらえないモノであろうか、と。

正当な理由だと思うんだけど。

当たり前つーか。

結局、親は折れて、わしは一人暮らしをすることができた。

幸せである。

本当に幸せだあああ！とその晩は叫んでしまいました。

その後何年かが過ぎ、結婚をしたりして、離れたところに住むことになり、その後離婚して、引っ越して、さらに別の場所に住むことになり、今に至るのだが、最近はもう、なんも言わないっすね。さすがに。

23歳のあの時に一人暮らしを決心してなかったら、たぶん今はないだろう。

本当に家を出てよかったと思う。

そして、だからこそ、今の「親との関係」があるのだ。

タイミングは逃してはダメだな。多少無理をしても、モメても、親との関係はきちんと作らないとダメなのである。

POINT 31

自分で食えるようになったら独立してみよう。

一人でいるのは楽しい

一人でいるというのは、楽しいです。

大好きですねー。

ふと気づけば、もう、一人でいる時間の方が長い人生になりつつあります。一人でいて、寂しくないか？という質問はよくされます。まあ、そーねー、幼少の頃や、20代の一時期は寂しいと思ったこともちょっとはあったかな。

実は幼少の頃からわしは一人の時間がとても多かったのです。と言うか、孤独感をしょっちゅう味わってた。で、一人慣れしちゃったのかもしれない。現実的に一人、というのもあったけど、どっちかっつーと、精神的に孤独感がずっとあった。

で、それが「寂しい」と最初は思っていたのだけれど、一人で歩いているといろんな発見があるし、なんと！　一人でいるということは楽しいことなのだ！と子供的に理解したんだよね。

その後は一人が大変楽しくなった。

20代は、ど失恋をしたりして一瞬寂しい気分になったことがあった。でも、いろいろじっくり考えてみると、そんなに寂しいのか？というところにたどりつき。よく考えてみたら、どーも、失恋したから悲しくて寂しい、というところにすっかり囚《とら》われていただけだ、と気づいたのであった。

そして今に至ったわしである。

一人でふと時間がとれた時。

家から一歩も出ないで過ごす。

何をするワケでもないけれど、寝巻きのまま、部屋をうろうろし、なんとなくホコリっぽいな、と思って、フローリング用のモップで何気に掃除をしたり。

見てなかったＤＶＤを見たり。

本を読んだり。

お風呂に入っている間に洗濯をして、お風呂から上がったらお風呂場に洗濯物を干す。

布団に入って、本を読んでいるうちに眠くなり、寝てしまう。深夜にふと目が醒《さ》めて、また本の続きを読んでいたら朝になっていたり。

さて、仕事するかな、と朝の7時からパソコンに向かっていたり、と一人の楽しみは尽きないのであります。

土曜日の夜に一人でラジオをつけながら、パソコンに向かって今、この文章を書いております。

自分以外に誰もいないのは当たり前なのだけど、なんというのだろうか、こう、自分のテリトリー、というカンジ。そこで遊んだり、食事したり、仕事したり。全部この室内でやっていること。

たまに取材や打ち合わせ、ちょっとした工事や点検などで人が来て話をしてたりするとなんとなく不思議なカンジ。そして、その人々が去って行くと、またしーんとした自分一人の空間に戻るのである。その方がなんだか自然なカンジがしてしまう。

元々一人でいるのが好きなだけなのかもしれないけれどね。

POINT 32

充実した時間が味わえるよ。

仕事の人間関係トラブル

いやぁ、厳しい時代ですよな、今の時代。なので、仕事の人間関係というと、上司や部下とのトラブルの方が多く取り沙汰《ざた》されてるけど、どうなのかな。

会社勤めの人、わしのようなフリーランスの人、フリーターの人、学生さん、いろんな人がいる。

好きな人、苦手な人、いろいろいる。

仕事が絡むと苦手な人でも会話をしなければならない。大好きな人だからって（恋愛って意味じゃなくて）その人だけをひいきにする、というワケにもいかない。

冷静なつきあい方が必要。

遠すぎず近すぎず。

でも、人間は不器用で。好きなモノには近づきすぎるし、嫌いなモノは敬遠する。

だけどね。仕事は冷静なもんだ。

嫌いな人がいても、ビジネスなのだ。

同じ職場の同じ立場の人だとしても、それはビジネスを中心にして成り立っているのだ。

だから、冷静につきあわないとアカン。

上司と部下の関係だったりしたらもっと冷静に。とはいっても軽いセクハラっぽいこともあるかもしれない。

されるがまま、というのとは違う。

でも、やめてください、とはっきりはねのけるのも、のちのちの会社での立場を考えたらできない場合もある。

そんな場合で、あまりシリアスではない場合なら。

明るく軽く。ちょいとエッチに出てきたオヤジには、そのうちみんなで飲みに行きましょうねー♪ などと軽く対処。「そのうちみんなで」ってのがいいのだ。いつ、ではなくて。二人きり、でもなくて。はっきりしない漠然としたカンジ。

ボクシングですよ。打たれ続けたらノックアウトされちゃうから。スエーバックでかわす、かわす。

時々軽いジャブくらいはくらわしておいて。

すぐかわす。

オヤジに限らずそんな風にできたら、きっとたいしてもめることもなく、クリアできると思うのさ。

そう。書いてみると簡単なことだけど、コレがなかなかできないことで。できるようになったら、仕事上の人間づきあいのプロですね。

きっと自分の近くにそういう人っていると思うので（目上でも目下でも）、そういう人をお手本にすると人間づきあいのプロになるのに短時間でイケるかもです。

POINT 33
ぶつかりそうになったらとにかくかわそう！

違う職業の人と話してみる

違う職業の人。なかなか出会えない、と思いがちだがそうでもない。単に事務職のOLさん、といっても、かなり多くの種類の職種があると思う。

データ系の人もいれば、事務だけれど、データ処理をするとは限らない人もいるだろう。

そうなると、同じ「会社勤めの人」という集合の中にも、全然違う仕事の人がたくさんいることになる。たとえば、一人の人間の仲介を通して、全然違う会社の人と出会って（男女問わず）話をするとする。「まったく話が通じない」と取るか「話は通じないけれど、面白い」と取るか。

人というのは慣れた場所を好むけれど（安心するから）、飽きるのも早い。だったら、ちょっとくらい冒険をしてみるのもいいのではないか。

毎日同じ職場の話の通じる人間とだけ話すのもいいが、同じ言語を使っているにもかかわらず、話が通じない、という世界の人と話すのは案外楽しいモノである。

あえて、違う仕事をする人、何もしていない人と話してみると、世界は広かったり狭かったり、失望したり希望を持ったり、とにかく変化に富んでいて面白いモノだ、と思うことだけは間違いない。

わしの場合は、仕事柄、いろんな人と会います。もちろん同じ業界の人もいるし、全然違う業界の人のところにも取材に行くし。取材に行った先で、さらに紹介された人が、また全然違う世界の人で、ってことも多々ある。

サラリーマンもいれば、自由業の人もいる。男女もいろいろいる。これが話してみると面白い。もちろん楽しいばかりではないけどさ。

とりあえず、いろんな人と話すと、人にはいろんな感覚があるんだ、っていうのがモロにわかるし。自分一人だったら絶対知らないようなことを教えてくれる人もいる。キツイな、ツライな、って思ってる時にふとした会話の中のひとつの言葉に救われたりとかね。やる気が出たりとか。

違った世界のエッセンスをもらって、違った考え方を覚えたり、違う感覚を持つことができたり。

外国へ行ってみるのもテであります。もちろん外国語が堪能《たんのう》で人づきあいも得意で、という人は別として、ただ買い物するのに言葉が通じない、というのはかなり面白いモノだ。苦労するけど、そういう時こそ、人間は一生懸命考える。そして、そういう時って、相手も一生懸命考えてくれたりするんである。

そして、自分が言いたいことが相手に伝わった時、すごくうれしいし、相手も喜んでくれたりするともう、言葉の通じない人相手に買い物をして本当によかった～！

などと思ってしまったりするのである。
人間は面白い。

POINT 34

違う世界の人と話すと世界は広がる。

年の離れた人とも話してみよう

ちょっと前まで子供というのは苦手であった。なんというのか、どう接していいのかわからず、とまどってしまっていた。同じ理由で老人というのもちょっと避けて通っていた。これまたどう接していいのかわからなかったからである。

人それぞれに人生がある。たとえ、子供でもにーちゃんでもねーちゃんでも人生があるのだ。そして、その人生が深かったりするのである。子供でも、である。

ある日、知り合いの子供と話していたら、「なんでおねえちゃんは漫画家になったの?」と聞かれた。おねえちゃん、と言ってくれるのはいつまでだろう?と下世話なことを考えつつ、そーだねえ、漫画家をやるべきだったからではないだろうか、と言った。そうしたら、その子は「じゃあ、今ぼくは子供をやるべきだからやってるんだよね」と言った。

なかなか粋な子供である。

ある日、電車に乗ったら、老人が乗って来た。まあ、譲る席もなかったので(残念ながら立っていたのだ)、黙って立っていたのだけれど、その老人はなかなかおしゃれな男性であった。きちんとプレスされたズボンに、型の良いジャケットに、シャツも上物と見た。

帽子を被《かぶ》り、薄い色のサングラス、磨き上げた、でもたぶん履きこんでいるであろうと思われる靴。

全部大切にされて来たのだろう、という服を身に着けていた（と勝手に思った）。実は、その老人とは話はしなかった。ただなんとなく見ていただけだった。だけど、その人からはなんとなく、それまで生きて来たその人の道、みたいなモノが見えた気がしたのである。

粋な子供もいい。粋でなくても、なんてこたーないにーちゃんでもいい。道が見えるような老人もいいが、何も見えない人でもいい。

現役バリバリで頑張っているおじさんなどにしても、話してみると面白い。

最近、近所の花屋のおばちゃん（おじちゃんの時もある。夫婦でやってるから）と長話をしてしまうのだが、そういう年になったんだねえ、としみじみ思ったりもする。だが、よく考えたら、話し出すと誰とでも長話になるんであった、わし。そんなに話好きとか、電話好きではないいんだけどね。

やっぱり花好きどうしだからなのかな。

そして、飲み屋さんへ行った時。

いろんな飲み屋さんで無茶なメニュー（お酒の）を頼んだりすると、またいろいろとお酒の話で盛り上がる。そして、好意で思ってもみないモノを出してくれたりとか。

いろんな人に気軽に話しかけてみると、いろんなことが起きて面白い。

POINT 35
子供でも老人でもいろんな発見がある。

隣の誰かを
思ってみれば？

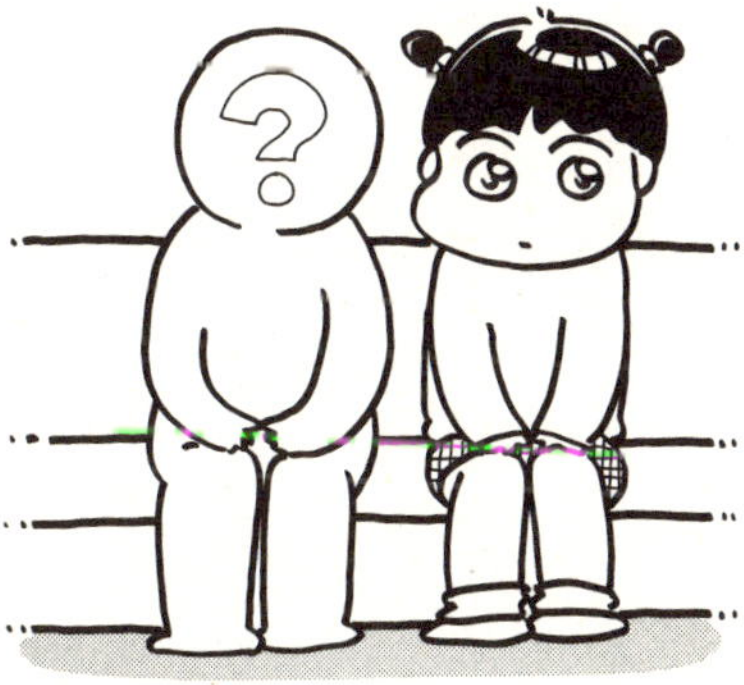

誰か。誰でもいい。誰かといる時。

その相手とどんな風に接している？

たとえば、電車で隣に座った人。会社帰りでみんなくたびれてる。

たまたま隣に座った人がおじさんで。一杯ひっかけて来たのか、酒くさい。

その上寝ちゃってこちらに寄りかかって来る。うーん。困った。

そういう時。どうする？　突き飛ばしてもいいし、微妙にそーっと押し戻すってのでもいい。なんとなくいやな気持ちになっちゃった。

そういうことってあるよね。

でも、そのおじさんにだって人生があって。なんかヤなことがあったのかもしれない。全然わかんないけど、勝手に想像してみる。

朝、会社に行ったら、トラブルが起きてて、自分で全部フォローしないといけなくなって、すごくストレスがかかってしまった。または高校生の息子がグレてしまって、やりきれないのかもしれない。

1時間も2時間もかかるんだったらともかく、ほんの15分や20分くらいだったら、ま、いいか、って思うんだけど。本でも読んでたら、過ぎる時間だもん。

隣の女子でびっくり、ってこともあるなー。一生懸命鏡を見てブラッシング。さらに、化粧道具一式出してフルメイクを始める。電車の中でそれはどーだよ、と思いつつも、どっちかつーと興味深いので、ちらちら見たりして。そのうち注意しようと思ってると下車されてしまい。言えずじまい。

本人は別になんとも思ってないんだよなあ、アレ。でも、傍から見るとすごくヘンだから、注意したいんだけどね。コンパクト出して鏡見てるだけでもヘノなんだけどな、ホントは。

でも、まあいいか、と、そのくらいのゆったりした気持ちでいつも生きられたらいいのにな、と思いつつ、なかなかそうは行かないのだけれど。

時間はどんどん過ぎていくけれど、でも、気分的にはそのくらいゆったり生きられたらね。そんなにいやなことってなくなると思うんだけどね。

そういう細かいことでイライラッとしたら、ふっと違うことを考えてみる。帰ったら何を食べようかな、とか、明日の仕事はなんだっけ、とか。

あっという間に気にならなくなるですよ。

乗り物に乗ったら寝てしまう、というテもあるけれど、電車やバスではくれぐれも寝過ごさないようにね～（わしはやったことがあるので……）。

POINT 36 ゆったり行こう。

友達の夫や恋人との関係って？

誰かの恋人や、友達の夫や妻との関係ってちょっと不思議な関係だよね。

だいぶ前に、友達の恋人とバッティングセンターに行ったことがある。なぜかと言うと、友達が部屋を探していて、いい部屋が見つかったというので、その恋人と一緒に見に行って、その後とんとん拍子に契約することになったため、わしとその友達の恋人が二人で暇になってしまったワケ。

で、どーするよ?って話になって。バッティングでもするべか、ってことになったのであった。

その当時、わしは軟式野球なんてのをやってたもんで、バッティングセンターには意味なく行ってたのでした。一人で。

2時間ほどだったか。友達の恋人とバッティングセンターで盛り上がる、という謎の時間を持ったのであった。

その後、友達と合流して、二人で何してたの?と聞かれたので、バッティングセンターで打ちまくってた、と答えたら「ふーん?」とちょっとした疑問を含んだ返事をされた。

いや、ホントにバッティングセンターに行ってただけなんだけど。

難しいね。こういうのは。何をしてたかわからん2時間。なんもないのだが。

これが結婚してる人の場合で（男女かかわらず）、さらに何かあってしまった場合。結婚式では会ったけど、夫の方は全然知らない場合は全然話もしないもんだが、その後家庭に招かれて、ちゃんと話してみたらなんだか話が合っちゃって、お互いに漠然と好意を持っちゃって。すでにすっかり妻と気まずいカンジになってるにもかかわらず、趣味が合っちゃったもんだから、話は止まらず。

で、バツが悪いカンジで自宅に帰る。

そしたらその後、その夫からメールが入る。あまりにも趣味が合うので、今度メールで資料を送るよ、ということでメールアドレスを教えたのだ。妻がトイレに立った隙《すき》に。

結局連絡取り合っちゃって会っちゃって。そしたらますます盛り上がっちゃって。ちょっと飲もうか、って話になって、1回目は何事もなく楽しく話しただけであったが、2回目はすっかりラブモードと化し、3回目4回目あたりでは完全にやる気になって、結局やらかしてしまったり。

その後もつきあってます、とか。そういう話はたくさん聞くし、最終的にどうなるかなんてわからないけど、離婚して欲しいというほどでもない。自分が妻の座に座る、という気もそれほどない。いや、すごくあるかもしれない。

きっと、妻は疑うであろう。
あんまり深入りしないように。

POINT 37
そこそこのつきあいにしておこう。

見知らぬ人に
ふと声かける

なんとなく誰かと話したい、って思った時。誰かと話してみよう。とにかく誰かに話しかけてみよう。

たとえば、仕事先の最寄の駅に着いたら雨だった、ということがたまにありますな。予報では1日晴れだったハズなのに。だから、傘がない。そして、目の前が見えないくらいのどしゃ降り。

仕方がないので、しばし様子を見たりして。

ふと話しかけられたりする。

または話しかけたりする。

「すごい雨ですねえ」

「ホントにねえ。突然降っちゃいましたね」

こういう時って、相手が誰でも運命共同体ってカンジになる。

しばしすると、どしゃ降りではなくなり、濡れるけれども、歩いても大丈夫、くらいの降りになって。では、お気をつけて。仕事がんばってくださいね。などと声をかけあう。

そして歩き出す。

そんなカンジ。好きです。

ある日、地元の駅で同じことがあった。

まあ、夏に近い時季の夕立だったので、しばしすればやむだろう、と思いながら立っていたのだけれど、一向にやむ気配がない。

仕方なく、歩き出した。アタマから足先まで全部がぐっしょり濡れる。

雨音の中、誰かの足音がする。ばしゃばしゃばしゃ。

「傘に入ってください。二人なら入れますから」

そう話しかけられて振り向くと、見知らぬ若い女性だった。お礼を言って、入れてもらった傘は、明るいきれいな色だった。

とりあえず、喫茶店で時間をつぶそうと思ったので、そこまで入れて行ってもらったのだけれど、たった数分のその時間に、その彼女は「これから人に会いに行くんです」と小さな声で言った。

そうなのですか、とうなずいた頃、目当ての喫茶店の前に着いた。

どうもありがとう、とアタマを下げると、傘をさした彼女は、ちょっと振り返り会釈をして去って行った。

雨はまだまだ降り続く。

喫茶店でお茶を飲みながら、ふと考えた。

さっき傘に入れてくれた彼女はどんな人に会いに行くのだろう。

まだ、20代半ばくらいの女性だった。

仕事途中、という風情《ふぜい》でもなかった。

結婚しているのだろうか。

これから結婚するのだろうか。

もしかしたら、いろんな事情があって会えなかった両親に会いに行くとか、いろんなことを考えてしまった。

ほんの数分。いくつかの言葉をかわしただけだったけれど、その人の人生がちょっとだけ見えたような気がした。

雨はまだやまない。

あきらめて、濡れて帰るか、と店を出て、走ってみた。

気持ちよかった。

POINT 38

言葉ひとつで、楽しくなることもあるよ。

人づきあいで モメそうになったら

人間関係のトラブルでストレスがたまる、というのはよく聞く話である。まあ、そりゃそーだ。どんな人とでもうまくやれます、なんてのはよほどの大物か、そうでなければ嘘つきか、人のことをまったく思いやれない人かのどれかだとわしは思う。

いろんな人間関係がある。

家族。兄弟姉妹。親戚関係。ご近所の付き合い。友人。恋人。夫。趣味で行ってるカルチャーセンターとか習い事関係。具合が悪くて行った病院。会社や仕事関係。その他いろいろ。

服を買いに行って、店員にイヤな顔をされたというだけでキレる人もいる。そんなに怒らなくてもいいのになあ、と思って見てたりすることがある。

わしはあんまり腹が立たない方である。なので、基本的には怒らないのである。なぜかそういう性質なのである。でも、どうも時折、逆鱗《げきりん》に触れてくれる人がおる。怒らない人間に何を言ってもいいワケないだろう。

昔は怒鳴りつけたりしてた。そしてどんなに媚《こ》びてへつらって来ても、相手にしないで、そのまま疎遠になり一生会わないかもしれないくらいの人間関係となってしまうのであった。何度かあったような気がする。

いいかげんにしなよ、自分ってカンジ。

もっと人間がデカくなったら、本当に怒らない人になれると思うんだけどな。でも、怒るべき時だけはきっちり怒る。叱《しか》る。

それは相手のためになるから。

ただキレるだけじゃなくて。

そのトレーニングのためというか、基本的に今のところはなるべくかわすようにしている。誰かが逆鱗に触れて来ても、かわす。

いちいち相手にする方がイカンのだ、と思う。

相手にしてるってことはその相手と同じレベルだってことだから。

人とモメるとか、アタマに来るということは、同じ土俵の上に立っちゃってるからなんだよね。ちょっと引いてみて、客観視できたらだいぶトラブルにはならんようになると思うよ。

冷たく突き放す、というよりは、ちょっと引く。それだけで、多分激昂《げっこう》することはなくなる。アタマに来ることも減る。

ガマンするんではなくて、かわしてしまうの。これってなかなか最初はわかんないかもしれないけど、覚えちゃうと簡単。

するり、とかわしてしまえば、ストレスはだいぶ減るハズ。

このするり、が難しいんだけどね。実は。まっすぐに違う方向を見る、っていうカンジかな。そしたら、なんでもクリアできるようになるかも。

POINT 39 さらっと流すコツをつかもう。

Chapter 5

心や体がハードでツライ気分の時に

ハードワークやストレスで、本当に厳しい状態になってしまって、動けない。

自力ではどうにもならないかもしれない。

もしかしたら、精神的にも肉体的にも壊れてしまっているのかもしれない。

そんな時。

自力でどうにもならない時は他力に頼ってもいいのだ。自分だけですべて解決しようとしなくても大丈夫なのだ。

本当にツライ時は。

自分以外の人やモノ。全部使ってもＯＫ。

そして復活したらまた自分の足で歩き始めよう。

それでいいのだ。

高熱を発して しまったら

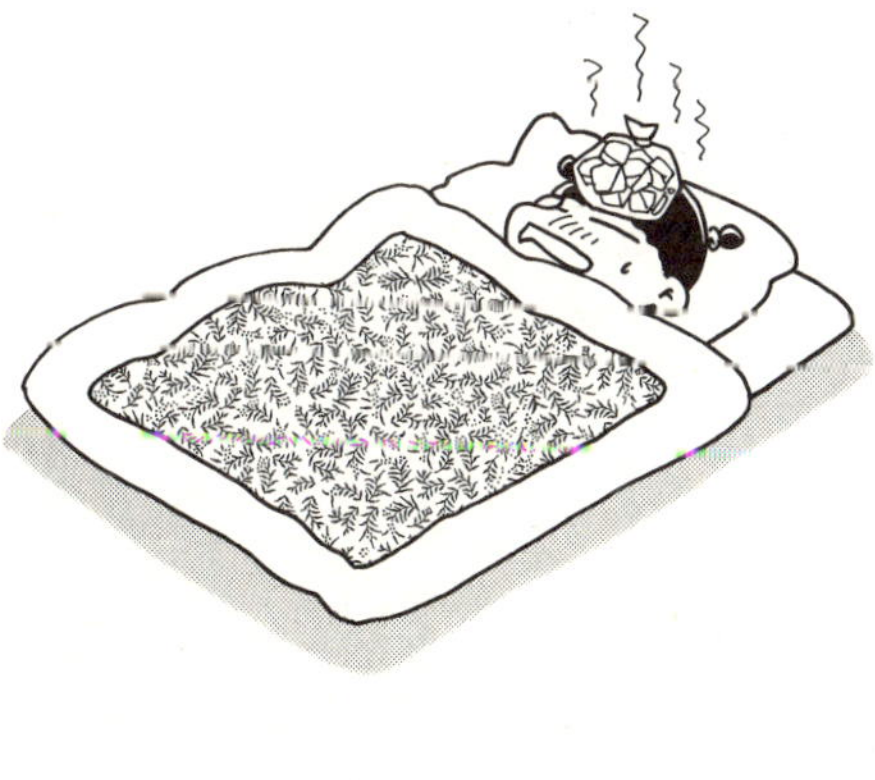

熱が出る。それは、風邪をひいたり、過労だったり、いろんな理由があるとは思うが、自分の体がツライよ、と訴えているんである。

過度のストレスがかかったり、積み重ねのストレスによる発熱、ってのもある。

理由はどうあれ。

高熱を発したとしよう。

不安になると言う人が多い。

でも、これ幸いと、寝ていることができる。それは幸せなことなのではないかなあ。

一人でツライのはさびしいことだ、なんて誰が決めたんだろう。全然さびしくなどない。

だけど、寝てなどいられない、という場合もあるだろう。そしたら薬を飲む。とりあえず症状に合った薬ならば効くハズである。無理をしてでもどうにかしないといけない場合もあるから、そういう時は無理もしよう。

確実にぶり返すだろうけどね。

そしたら、今度こそ心置きなく布団に入ろう。仕事はお休み。無理にでもお休み。

強烈な熱が出ると、結構楽しい。高熱のせいでいろんな感覚が麻痺《まひ》したり、あっちこっちが痛くなったり。

それでツライから薬を飲むんだけど、これがまた、すぐ切れるのだ。

体がぎしぎし言うカンジ。

こういうのって、元気な時には体験できない。だからいっそ楽しんじゃえ、と思う。

もちろんあまりにヒドイ状態が続くようだったら、病院へ行かないとダメだけど。

でもたぶん、来週にはきっと熱も下がって、元気な自分になっている。高熱なんて今だけだよ。


わし、つい先日風邪ひいてた。高熱は出なかったけど、喉は痛いし、身体の関節がみんな痛い。食欲はあるにはあるけど、胃が消化してくれないので胃薬飲みまくり。いやー、なかなかスゴかった。結局ダルくてほとんど寝たきり。

心置きなく、自分臭い「もふ（毛布）」の中でゼーゼー言っておった。

しかしアレは厳しい。高熱が出る、っていうのだったら、ある種こう、ハイになっちゃっていっそ楽しいときもあるんだけども、たいして熱がないのに、内臓も何もかもめちゃくちゃ、っていうのは……。大変厳しいです。マジで。

コレ書いてる今もまだ名残があって、ダルダルさんになっていたりする。そーいうときは仕方なくダルダルさんのままでいることにしてるけど。そして復活したらまたビシバシ書き始める。

まあ、きちんと治ればなんてこたーない元気な自分でイケるしね。

途中で無茶するといつまでたってもダルダルさんのままだから、ダルダルさんがいなくなるまできっちり治すのが正しいでしょうな。

POINT 40
つらいのは今だけ。ゆっくりしよう。

体調不良の時に迷ってる間はない

基本的に病弱、とかいうのでなく、突然胃が痛いとか、お腹《なか》が痛いとか、突然の内臓の不調。それも一人で自宅にいる時に。

薬を飲んでも治らない。

寝ていればなんとかなるかと思いきや、何日か寝ていたのだけど、結局よくならず。誰かに助けを求めようにも、平日の昼間で誰もおらず。携帯で連絡を取れる知り合いはいるけど、仕事中であろう。間違いなく。

そんな時。

一人で救急車を呼ぶ、というのをしたことがあるだろうか。もちろん、薬で治る程度とか、自力で病院や薬局へ行ける程度だったら自力で行けばいいのだけれど、それすらできない、そして、激痛。

さすがにその時、救急車、という文字が浮かびました。救急車を呼ぶなんていうのは、とんでもないことで、どエライことだと思っていたけど本当に救急なんだよお!!という状態。

呼んだね。救急車。

そして、激痛に耐えながらも、保険証と現金とハンカチとポケットティッシュ、それに携帯電話を用意。

まあ、その余裕がなかったら、救急隊員の人に任せよう（その方が普通です）。救急病院へ連れて行ってくれて（ものすごく近所にそんな病院があることが判明してマジびっくり）、見事に全部事務的なこともやってくれて、お礼を言おうと思った頃にはもう、風のように去って行ってしまっていた。

ある種の感動がありました。

そう。

本当に具合が悪い時。自力ではどうにもならない時。プロに頼みましょう。何事もそうだけど、できうる限りの努力をして、それでもダメな時、またはどうしても時間の余裕や体力的な余裕がない時とかも。

プロに頼もう。

そのためにどの世界にもプロがいるのです。

そして助けてくれるのだ。ありがたいことだ。

しかし、そのプロは、呼ばないと来てくれないのである。でも、歩くこともツライほどの場合だってある。携帯電話は枕もとに置いておいた方がいい。わしはそれ以来、枕もとに携帯電話を置いているけれども、仕事の電話がかかって来ているのも聞こえないくらいぐっすり寝てしまっていることが多い。

ものすごく調子が悪くても、ソレはたいがいわかりやすい風邪とか、精神的に調子が悪いというのが主なので、処方してもらった薬を飲んでなんとかなっているような状態。いつもいつも元気ってのは無理だなあ。

今日は一応元気です。

POINT 41
ためらわず救急車を呼ぼう。

「心が病気かも？」な時は……

何をしても盛り上がれない、というより、どちらかと言うと、かなり厳しい状態。精神的に相当ツライ、という状態の時。

もしかしたら、これは病気かもしれない、神経症かもしれない、鬱《うつ》病かも？　病院へ行くのもいいけれど、そういう時はとにかく無理やりでも休んでしまうのがいい。

会社や家事は休めない、と決めつけている人が少なくないけれど、本当はそんなことない。人間は自由である。好きなことを好きなようにやっていいのだ（もちろん多少の責任はついて回るけど、たいしたことない）。

まず、会社を休んでみる。

人に会わない、をやってみる。

一人でいるのがラクだったら「一人でいる」をやってみる。

家族と住んでる人は、とにかくなんでもいいから一人になれるような時間を作る。

1日くらいどっかに消えたって、ちょっと連絡を入れておけば、いや、メモの一枚でも置いて出ればいいだろう。

携帯の電源はできれば切っておきたい。一日中一人でいて、誰にも会わない、まったく一人の1日をたまにはやろう。

ただ、ずっとそれだと問題も生じて来るかもしれないから、適当に。

そうすると、なんとなく今までと違う世界が見えるかも。ソレがいいとか悪いとかはわからない。

でも、とにかく今のままではツライのだから、違う方向へ持って行きたい。

だから少しずつでも変えていこう。まずはそこから。


心の病気系については、かなりいろいろ経験したわしだけど、病院行って薬も処方してもらってるけど、やっぱり本当に厳しい時は休むことにしている。「あ、ダメだな」と思ったら、薬を飲んで「もふ」にくるまって、じーっとしている。

ツライものはツライのだ。何がツライのかわからないのにツライのだ。

理由がわかったからといって、解決することではないし、理由がわからなかったら、もっとワケわかんないし。薬飲んでてもコレだからねえ。

人間ていうのは不思議な生き物だなあ、と思います。

もっと自然と共に生きられたらなあ、って思う。

地球の温暖化とか、地震とか、最近ものすごく言われているけど、地球に対しては何もできないワケじゃん。

ソレが悲しいです。

地球もツライんじゃないかなあ、と思いつつ、仕事が終わったら「もふ」にくるまる予定。

POINT 42

まず休んで違う方向へ。

Column 14

自分の心に「おかしい？」を感じたら

＊病院へＧＯ。プロに任せる。大病院でも個人病院でも。これが手っ取り早いです。

＊自分を許す。どんなにだらけていても、どんなに怠けているように見えても、くたびれている時には休養が必要なのだ。寝っぱなしでも可。1週間以上その状態が続くようだと、鬱病を疑った方がいいので、病院へＧＯだ。

＊サイトを見る。精神科系のサイトでおすすめなのはここ。プロだらけのサイトなのでとても安心だから。お勉強にもなりますよー。ちなみにわしがイラスト描いたりしてます。

http://www.utu-net.com/

＊カウンセリングに行ってみる。人に話すとラクになることもある。

＊壊す。割れるモノだと破片が飛び散ったりして危険なので、どちらかつーと、新聞紙などがいいと思う。いやというほど破るのである。シュレッダーもいい。次から次へと切りまくる。

＊今度は逆に、黙々と何かを作る。自宅でできることだったら、気兼ねなくできるし。粘土細工でも、裁縫でも。単に、ミシンでいらないタオルを縫いまくって雑巾《ぞうきん》にするのもいい。料理でもいい。とにかく何かを作る。結果はどうでもいいのである。うまかろうがヘタだろうが。とにかく作る。

あとがき

いつも楽しく明るく元気でうれしかったらそりゃきっと幸せ。毎日幸せだったらいいなと思うけど、同じ状態が続いたらそんなに幸せじゃないかもしれない。

ある日、落ち込んじゃうことがあった。後で考えたら本当にたいしたことじゃないのにその時は本当に必死だった。たいしたことで落ち込んだこともある。その時もやっぱり必死だった。

落ち込んだ時、そのままどんどん落ちていくのではなくて、ちょっとだけ上を向くことができたら、上がっていけると思うんだ。

上を向くために。

ちょっとだけ何かしてあげよう。

自分のために。

ちょっとだけ。

そんな風にして、日々生きてます。

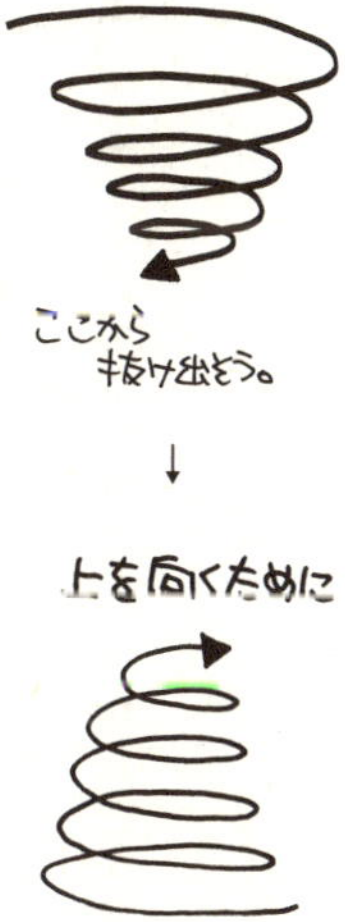

文庫版あとがき

この本は「心がホッとする57の方法」というタイトルで出ていた本の文庫版です。
数年前に書きました。
でも、あちこち手を加えているので、前のとはちょっとは違うかも。
しかしこの数年、いろんなことがあったなあ。
●最愛の父があの世へ逝ってしまった（わしってスゴイファザコンだったことがわかったのだよ）
●それに伴う様々でよぼよぼになった（まあ、いろいろあるでしょ、人が逝ってしまうと。深くは書かないけど）
●一人になった母が心配（元気なのでいいんだけどね）
●プライベートでショックなことが結構続いた（これまた深くは書くまい……）
●身体の各地が故障してしまったようで、あんまりビシバシ仕事ができなくなった
●その結果ストレスもたまった
●やりたいことがわからなくなっちゃった（というか、ありすぎて選べない）
その他モロモロ、もう山盛りで……。

てなワケで、いろんなモノがまとめて来たので、あんまり無茶ができない状態になってしまいました。とほほ。

基礎体力はあるので、なんとか過ごしているってとこでしょうか。うーん。

この本を文庫版にするにあたって、もう一度じっくり読んでみたら、ああ、今の自分に向けてのメッセージだらけ、と感心してしまった。もしかしたら、ある種ちょっと先が見えてるのか？　自分（決して超能力者じゃありません）。

わしは、前記のようなワケで、体調がめちゃくちゃなのですわ。となると、きっちりバッチリできないワケなのですわ。

必然的に、でれでれだらだらすることになっちゃって。なんかこうビシッとできないカンジ。情けなし。

つまり、まさにこの文庫がバイブルかい、って状態。なので、まずは焦らないことにしたです。でないと、もっともっとこうしないと!!!って思っちゃうワケで。

最近あんまり家から出てない。ネット大好き人間なので、何もかもネット注文だったりするんだけど、ソレはソレで新しいモノが見つかったりして。

「これでいいのだ」なんて、一人納得したりしとります。

世の中いろんなことがある。

楽しいことばっかりだったら超うれし、だけど、そうでもないことも山盛りあるから。

その時にはこの本を開いてみてください。多分何か答えがあると思う。

わしも自分でツライ時には開いてみようと思っています。自分で書いたんだけどまた新しい気持ちで。

藤臣柊子

2007年4月

本書は『心がホッとする57の方法』（筑摩書房刊／二〇〇三年）を
改題し、加筆修正のうえ文庫化したものです。

知恵の森
KOBUNSHA

だいじょーぶ、のんびりいこう

著　者――藤臣柊子(ふじおみ しゅうこ)

2007年　5月20日　初版1刷発行

発行者――古谷俊勝
印刷所――凸版印刷
製本所――フォーネット社
発行所――株式会社 光文社
東京都文京区音羽1-16-6〒112-8011
電　話――編集部(03)5395-8282
販売部(03)5395-8114
業務部(03)5395-8125

落丁本・乱丁本は業務部でお取替えいたします。
ISBN978-4-334-78478-2　Printed in Japan

お願い

この本をお読みになって、どんな感想をもたれましたか。「読後の感想」を編集部あてに、お送りください。また最近では、どんな本をお読みになりましたか。これから、どういう本をご希望ですか。どの本にも誤植がないようにつとめておりますが、もしお気づきの点がございましたら、お教えください。ご職業、ご年齢などもお書きそえいただければ幸いです。当社の規定により本来の目的以外に使用せず、大切に扱わせていただきます。

東京都文京区音羽一-一六-六
（〒112-8011）
光文社〈知恵の森文庫〉編集部
e-mail:chie@kobunsha.com